UN SILENCE DE MORT

Du même auteur

Lettre aux femmes voilées et à ceux qui les soutiennent, Éditions du Cerf, 2019, 200 p.

Lettre d'exil. La Barbarie et nous, Éditions du Cerf, 2017 ; Lexio, 2019, 224 p.

Maudites, Albin Michel, 2015, 300 p.

Ma République se meurt, Grasset, 2013, 224 p.

Qu'est-ce qu'être Français ?, ouvrage collectif, Hermann, 2009, 166 p.

Les discriminations positives. Coup de pouce à l'égalité ?, Dalloz, 2007, 192 p.

François Luchaire, un républicain au service de la République, ouvrage collectif, Publications de la Sorbonne, 2005, 384 p.

Aux origines de la Constitution de la République, Dalloz, 2002, 784 p.

À Khadia al-Salami
et Murad Subay.

L'indifférence aux souffrances qu'on cause est la forme terrible et permanente de la cruauté.

MARCEL PROUST

L'orgueil des hommes, leur révolte, l'injustice où ils vivent, cela, c'est notre affaire à tous.

ALBERT CAMUS

Quand règne le carnage

C'était un pays sublime que cette bande de terre, plus grande que la France, qui s'étendait à la pointe extrême de la péninsule de l'Arabie, qui baignait entre la mer Rouge et le golfe d'Aden, qui faisait face à la Corne d'Afrique et dont la capitale, Sanaa, supplantait par son ancienneté ses voisines, Mascate à l'est, La Mecque à l'ouest. De hautes montagnes abritant d'antiques tribus et de splendides monuments dominaient le rivage aux eaux chatoyantes où, depuis toujours, des ports aux comptoirs bourdonnants rythmaient une des principales routes de commerce entre l'Orient et l'Occident. Visiter ce qui avait été jadis le royaume de l'encens revenait à accomplir un périple initiatique, à mettre ses pas dans ceux d'Arthur Rimbaud, de Paul Nizan, d'André Malraux et à se découvrir, comme tous les écrivains du voyage, fasciné par cette destination ultime qui offrait une spectaculaire remontée dans le temps. C'était une contrée de rêves faite pour les rêveurs. C'était le Yémen. Il n'en reste aujourd'hui que charniers et cendres.

Souvent retenue par les charges de la vie publique, je n'ai guère voyagé au cours de mon existence mais, en 2014, j'ai eu la chance de pouvoir me rendre dans ce lointain et mystérieux pays où il était déjà difficile de séjourner mais qui demeurait encore accessible. Dans la seconde, j'ai été subjuguée par la beauté farouche de cette terre et par ses habitants dont la fière dignité n'a d'égale que la terrible misère. Nulle part ailleurs qu'au Yémen une telle expérience de l'authenticité ne s'est imposée à moi, si forte que je ne l'avais jamais ressentie avant et que je ne l'ai toujours pas retrouvée depuis.

Ce n'est pas parce que pour le moment, je ne peux y retourner que mon attachement viscéral s'est estompé, bien au contraire. Afin de perpétuer ce lien avec cette terre, je compulse les nouvelles qu'en livre la presse, toutes tragiques ou presque. Je consulte mes amis qui en sont exilés, Khadija et Murad. Se joint à nous Irène qui fut l'épouse d'un ministre actif lors de la parenthèse démocratique qui, au milieu des années 1990, avait adouci le règne dictatorial d'Ali Abdullah Saleh. Nous nous retrouvons régulièrement pour dîner autour d'un *fatthe*, un bouillon de viande, légumes, pois-chiches et galettes trempées dont je n'ose leur avouer que je suis loin d'en raffoler car il a rang de plat national. Ils m'expliquent autant qu'ils peuvent ce qui se passe au Yémen. Ils me lisent des articles, me montrent des vidéos qu'ils ont la bonté de traduire, vu mon piètre niveau en arabe. Le plus souvent, ils apportent leur connaissance intime des luttes intestines qui dévorent leur pays depuis des décennies, des camps en présence, des personnalités qui les guident, des chefs locaux et des rapports de force sur le terrain. Parfois, ils se disputent sur la voie à suivre pour sortir leur nation du chaos. Or, plus le temps avance et plus s'éloigne l'espoir d'une solution.

C'est ainsi que le Yémen m'est resté accroché au cœur jusqu'à ce que ce même cœur décroche littéralement devant une photographie publiée, au cours de l'automne 2018, à la une du *New York Times*[1]. L'icône vertigineuse d'un indicible malheur se découvre alors à moi. Que montre l'image ? Recroquevillée sur un lit d'hôpital, le visage émacié, le regard absent, une fillette qui n'est plus qu'os. Elle s'appelle Amal, prénom qui signifie espoir en arabe. Elle a sept ans, elle semble en avoir deux. C'est le portrait d'un fantôme qui en appelle d'autres, égrenés dans les pages intérieures du quotidien, pareillement terrifiants, dont celui de Wadah Askri Mesheel, bébé de onze mois. Il a été recueilli à Aslam, une bourgade au sud de Sanaa, dans un dispensaire de fortune. La légende précise que Wadah est mort quelques heures après que le photographe Tyler Hicks a pris le premier cliché de ce garçonnet qui sera également le dernier. Amal elle aussi n'a pas survécu à l'errance et à la famine.

Tous deux figurent parmi les innombrables victimes de la guerre que les pétromonarchies du Golfe ont déclenchée en 2015 pour contrer l'Iran des mollahs et qui a fait du Yémen le théâtre sanglant du conflit renouvelé entre les sunnites et les chiites au sein de l'islam. Injustifiée et démesurée, l'intervention militaire a aggravé de manière abyssale les luttes intestines qui le déchirent. Des civils musulmans, étrangers à cette lutte confessionnelle, meurent de la main de soldats ou de miliciens musulmans qui, eux, s'entretuent au nom d'Allah. Et cette bataille pour la domination régionale entraîne d'abord les plus faibles, démunis et désarmés, dans la spirale de la vengeance religieuse.

Les photos sont insoutenables. Est-il indécent de montrer de telles images d'enfants mourants ? En quelques lignes

1. Declan Walsh, « Yemen girl who turned world's eyes to famine is dead », *The New York Times*, 1er novembre 2018.

laconiques, la rédaction du *New York Times* prévient sobrement qu'elle assume son choix, ces photos ayant le mérite de rendre manifeste l'horreur que vivent au quotidien les Yéménites. Elle précise surtout que la décision de les publier a été prise au lendemain des révélations sur le meurtre du journaliste saoudien Jamal Khashoggi. Réfugié aux États-Unis après avoir fui la vague d'arrestations qui a touché son pays en 2017, devenu chroniqueur au *Washington Post*, ce dissident a été exécuté sur ordre le 2 octobre 2018 à Istanbul : dans les bureaux du consulat d'Arabie saoudite, des agents venus spécialement de Riyad l'ont dépecé comme une carcasse de boucherie.

Dans les jours qui suivent, les soupçons initiaux à l'égard du régime saoudien se transforment en certitudes avec la diffusion d'enregistrements clandestins provenant des services secrets d'Ankara[1]. Traditionnellement hostile au monde arabe qui refuse son hégémonie, la Turquie pratique la surenchère depuis que le Président Recep Tayyip Erdogan entend s'imposer comme le chef planétaire des Frères musulmans, raison pour laquelle il soutient l'ambitieux Qatar contre les autres pays du Golfe[2]. Sans doute a-t-il vu aussi dans ces révélations l'occasion de se dédouaner de la répression sauvage qu'il exerce contre sa propre opposition à la suite du putsch raté de 2016 qui a failli le renverser.

---

1. C'est le quotidien turc *Sabah*, réputé proche du pouvoir, qui publie le premier ces enregistrements dans son édition du 9 octobre 2018 avant qu'ils ne soient largement repris par la presse internationale. Voir par exemple Arnaud Focraud, « Disparition d'un journaliste saoudien : voici les éléments dont dispose la Turquie pour accuser Riyad », *Le Journal du Dimanche*, 10 octobre 2018.

2. Sara Sriri, « Turquie. Que cherche vraiment le président Erdogan ? », *Diploweb.com*, 19 janvier 2020.

Comment ne pas parler d'Ebru Timtik, cette avocate qui vient de mourir dans les geôles turques pour avoir exercé son métier ? Ainsi va l'Orient compliqué. Mais la véracité de ces enregistrements est vite confirmée, le 25 octobre suivant, par Agnès Callamard, rapporteuse spéciale sur les exécutions extrajudiciaires, sommaires ou arbitraires, auprès du Haut-Commissariat des droits de l'homme, organe des Nations unies[1].

Je ne suis pas certaine que si Quentin Tarantino, le génial réalisateur de *Kill Bill*, avait placé une telle scène dans l'un de ses films, il aurait osé écrire un tel dialogue.

Le médecin-légiste qui scie le corps encore chaud de Jamal Khashoggi raconte aux agents qui viennent de l'étouffer après l'avoir ligoté : « J'écoute souvent de la musique quand je découpe des cadavres. Parfois avec un café et un cigare à la main ». Il s'arrête, soupire et ajoute : « C'est la première fois de ma vie que je dois découper à même le sol. Même un boucher qui veut débiter un animal en morceaux le suspend ». Les membres du commando qui l'entourent rient de sa remarque. Puis on l'entend leur ordonner : « C'est un chien, mettez ça sur sa tête, enveloppez-la ». Et l'on comprend qu'il vient de décapiter la dépouille de Jamal Khashoggi, désigné avant son arrivée au consulat comme « la bête destinée au sacrifice »[2].

1. Agnès Callamard, « Affaire Khashoggi : une enquête internationale apporterait un élément de légitimité », Onu Info, *news.un.org*, 26 octobre 2018.

2. Pour un compte rendu aussi exhaustif que possible, M.K et J.A.R, « Affaire Khashoggi : les enregistrements glaçants de l'assassinat », *L'Orient-Le Jour*, 15 mars 2020.

Après avoir écouté « ces documents audio abominables », Agnès Callamard s'engage dans une longue mission d'investigation pour le compte de l'ONU qui conclura à la « certitude » que le dissident a été la « victime d'un acte prémédité brutal, planifié et perpétré par des représentants de l'État saoudien[1]. » Mais d'ores et déjà, les grandes agences anglo-saxonnes de renseignement, dont le MI6, la CIA, la NSA, abondent dans ce sens. Le 12 novembre, alors qu'il a peu plus tôt souligné la nécessité de bonnes relations commerciales avec la pétromonarchie dominante du Golfe, le Premier ministre canadien Justin Trudeau annonce publiquement avoir eu connaissance de ces éléments et met en cause, à son tour et sans ambages, le pouvoir wahhabite[2].

Le 17 novembre, la direction de la CIA fait fuiter dans la presse sa conviction que la maison royale des Saoud est impliquée dans ce meurtre au plus haut niveau[3]. Face aux tergiversations de Donald Trump, soucieux de sauvegarder le « contrat du siècle » à 110 milliards de dollars qu'il vient de signer avec Riyad, le Sénat américain finit par voter à l'unanimité, le 14 décembre, une résolution qui attribue la responsabilité ultime de l'assassinat de Jamal Khashoggi au

---

1. The editorial board, « Saudi Arabia's threadbare cover-up of Khashoggi's killing unravel further », *The New York Times,* 8 février 2019.

2. Rania Massoud, « Affaire Khashoggi : "invraisemblable" que le prince saoudien ne soit pas impliqué, dit Trudeau » *Radio Canada*, 18 décembre 2018.

3. Shane Harris, Greg Miller et Josh Dawsey « CIA concludes Saudi crown prince ordered Jamal Khashoggi's assassination », *Washington Post*, 17 novembre 2018.

prince héritier d'Arabie saoudite, Mohammed ben Salmane, en sa qualité de chef désigné de l'exécutif[1].

Que dit et que fait la France pendant ce temps ? Le 26 octobre, lors d'une conférence de presse, le président de la République, Emmanuel Macron, exclut de suspendre les ventes d'armes à Riyad au motif que la responsabilité du régime saoudien dans l'assassinat d'Istanbul n'est pas, selon lui, démontrée : ces ventes n'ont « rien à voir avec M. Khashoggi, il ne faut pas tout confondre[2] », s'exclame-t-il en réponse à la question d'un journaliste. Le 12 novembre, dans *Les 4 vérités*, l'émission matinale de France 2, Caroline Roux, la talentueuse présentatrice de *C dans l'air* sur France 5, interroge Jean-Yves Le Drian, en charge de la Défense sous la présidence de François Hollande et des Affaires étrangères dans le gouvernement Philippe. À la question portant sur l'implication du pouvoir saoudien dans le meurtre du dissident, qui ne fait plus de doute après la divulgation des preuves produites par Ankara, le ministre répond sèchement : « Pour l'instant, je n'ai pas connaissance d'éléments transmis par la Turquie[3]. » Devant le tollé que provoque cette formule, le Quai d'Orsay argue d'un « malentendu » : les enregistrements existent mais la « vérité complète » resterait « à être établie »[4] ! Il faudra attendre encore plusieurs jours avant

1. « Affaire Khashoggi. Le Sénat américain reconnaît la responsabilité du prince héritier saoudien », *Courrier international*, 14 décembre 2018.

2. « Affaire Khashoggi : Macron ne veut pas remettre en cause les ventes d'armes à Riyad », *Le Monde*, avec l'*AFP*, 26 octobre 2018.

3. Caroline Roux, « Questions à Jean-Yves Le Drian », *Les 4 vérités*, France 2, 12 novembre 2018.

4. Marie Jégo, « Affaire Khashoggi : le Quai d'Orsay évoque un « malentendu » après les propos tenus par Le Drian », *Le Monde*, 18 novembre 2018.

qu'un début de réaction appropriée ne se dessine du côté de l'Élysée. Une mesure de prudence ? Plus simplement, la France ne rechigne-t-elle pas à contrarier l'un des plus gros clients de son fleuron commercial, de ce complexe militaro-industriel qui la fait se classer aux tout premiers rangs des puissances exportatrices d'armements ?

L'assassinat épouvantable de Jamal Khashoggi va ainsi faire parler davantage de la guerre au Yémen que les 85 000 enfants dont elle a causé la mort pour la seule période courant entre avril 2015 et octobre 2018[1]. Pourquoi avons-nous consenti à l'ignorer ? Si l'Arabie saoudite peut procéder à une élimination politique sauvage sur un sol étranger et si l'Arabie saoudite peut engager une intervention militaire barbare dans un pays voisin, c'est qu'elle est assurée de son impunité. Ses ventes de pétrole et ses achats d'armes incitent les États occidentaux, ses clients et ses fournisseurs, à un pathétique silence devant ses exactions. Et la France tout autant que les autres.

Or, derrière ces deux drames se profile l'ombre d'un même homme à l'ambition illimitée. Celui dont le Sénat américain a jugé qu'il était le responsable de l'exécution d'Istanbul. Celui dont la National Security Agency (NSA) a intercepté en 2017 une conversation avec l'un de ses conseillers exigeant de ce dernier que le journaliste exilé soit rapatrié de force et concluant qu'à défaut il irait lui-même le chercher « avec une

1. « 85 000 enfants sont morts de faim ou de maladie au Yémen, selon Save the Children », *Le Soir*, 21 novembre 2018.

balle[1] ». Celui dont les experts estiment que sa politique intérieure de lutte anti-corruption et de libéralisation des mœurs sert sa marche secrète vers les pleins pouvoirs[2]. Celui, enfin, qui a entraîné le Golfe dans la guerre ouverte en attaquant le Yémen, au prétexte que le projet du « nouveau Moyen-Orient » agité par l'administration Trump lui donnait toute latitude d'agir contre l'Iran.

Cet homme est bien sûr Mohammed ben Salmane, dit MBS, que son père âgé et déjà malade, le roi Salmane, a choisi parmi ses nombreux frères issus de diverses unions pour lui succéder à la tête du royaume des Saoud. Et qui s'est lui-même choisi pour mentor Mohammed ben Zayed, dit MBZ, le prince-héritier et le ministre de la Défense d'Abu Dhabi, vrai maître des Émirats arabes unis[3]. Sur le conseil de MBZ, MBS a gravi une à une les mêmes marches vers le pouvoir suprême, accumulant les mêmes titres et les mêmes fonctions que son aîné[4]. Sous l'influence de MBZ, MBS a lancé dans la nuit du 25 mars 2015 une vaste opération militaire affublée du nom de « Tempête décisive » qui, vite enlisée, a été rebaptisée moins d'un mois plus tard, le 21 avril

---

1. Mark Mazzetti « Year before killing, Saudi Prince told aide he would use "a Bullet" on Jamal Khashoggi », *The New York Times*, 7 février 2019. Voir également Malise Ruthven, *L'Arabie des Saoud, Wahhabisme, violence et corruption*, La Fabrique éditions, 2019, p. 25.

2. Antoine Ajoury et Stéphane Lacroix « L'Arabie saoudite est passée d'un autoritarisme mou à un autoritarisme arabe classique », *L'Orient-Le Jour*, 9 novembre 2018.

3. David Kirkpatrick, « The most powerful arab ruler is not MBS, it's MBZ », *The New York Times*, 20 juin 2019.

4. Anne Gadel et Mourad El-Bouanani « MBZ/MBS, deux hommes pressés ébranlent le Golfe », *Orient XXI*, 9 avril 2018. Voir également Jean-Pierre Perrin, « Dans le Golfe, entre MBS et MBZ, un prince héritier peut en cacher un autre », *Mediapart*, 10 février 2019.

2015, « Restaurer l'espoir »[1]. Les années ont passé et l'espoir n'est pas plus revenu que la tempête n'a été décisive.

À la tête d'une coalition arabe rassemblée sous la bannière sunnite et en dépit de son échec militaire, le dauphin du royaume saoudien poursuit, imperturbable, cette guerre des plus impitoyables. Il a pour objectif déclaré de réinstaller au pouvoir son protégé, le président Abd Rabbo Mansour Hadi, chassé par les Houthis rebelles, qu'il accuse d'être sous la coupe des chiites iraniens. Son but inavoué est d'instaurer son pouvoir personnel sur la région. Le jeune prince joue à la guerre, les Yéménites en meurent.

Se livrant à une offensive totale, la coalition ne lésine pas sur les moyens. Elle détruit à tout va, bombardant les écoles, les hôpitaux, les prisons et jusqu'aux convois funéraires. Elle tape dans le tas. Les cibles sont autant civiles que militaires et les tirs détruisent à tout-va des infrastructures aussi vitales pour la population que les silos à grain ou les réservoirs d'eau potable. On compte par dizaines de milliers les petites gens tuées par les frappes et chaque jour ajoute son lot à cette comptabilité macabre : le seul 15 février 2020 et uniquement dans la province d'Al-Jawf, ce sont 31 civils dont 19 enfants qui ont trouvé la mort[2].

Ce pilonnage associé à un blocus maritime et aérien qui empêche l'approvisionnement en nourriture et en médicaments, a plongé le Yémen dans la plus grave crise humanitaire de l'histoire contemporaine. Au début 2019,

1. Claude Angéli, « La future guerre interminable », *Le Canard enchaîné*, 25 avril 2018.

2. Unicef, « Yémen : 37 enfants parmi ceux qui ont été tués et blessés dans une attaque », *unicef.fr*, 16 février 2020.

après quatre années de ce calvaire, le Secrétariat des Nations unies estime que la guerre a précipité plus de 24 millions de personnes, soit 80 % de la population, dans une situation de grave détresse, à la fois alimentaire et sanitaire[1]. Le Yémen se meurt dans l'indifférence générale.

Ces années de guerre n'auront pas suffi à éteindre la rébellion des Houthis, ces guerriers venus du fond des âges qui arborent à la ceinture la *djambia*, un poignard à lame recourbée, alors que les membres de la coalition se battent à coups de bombes guidées au laser valant des millions de dollars. À la différence du désastre syrien, la catastrophe yéménite n'aura pas retenu l'attention de l'opinion mondiale. Il est vrai que les puissances occidentales auront été directement impliquées au Levant alors qu'elles auront œuvré en sous-main dans la Péninsule arabique. Mais la mort atroce de Jamal Khashoggi aura fissuré le mur du silence.

L'effet domino de la boucherie d'Istanbul sera profond et durable. Certains États arabes, alliés traditionnels de l'Arabie saoudite, la lâcheront peu à peu et laisseront à sa seule responsabilité cette guerre sans fin qui les use, y compris les Émiratis au grand dépit de MBS qui verra dans le retrait de MBZ une trahison[2]. Certains États européens, les uns après les autres, sanctionneront Riyad en suspendant leurs livraisons d'armes : l'Allemagne sera la première à le faire dès la fin octobre 2018, suivie le mois suivant par le Danemark et la Finlande. Mais d'autres États occidentaux continueront de manifester ouvertement leur soutien au régime wahhabite

1. Bureau de la coordination des affaires humanitaires, *Yemen : 2019 Humanitarian Needs Overview*, ONU, 14 février 2019.

2. Pascal Airault « Au Yémen, "les Émiratis ont poignardé dans le dos leur allié saoudien" », *L'Opinion*, 13 août 2019.

et à l'approvisionner en instruments de mort. À côté des États-Unis et du Royaume-Uni, la France sera l'un d'entre eux. Et non le moindre.

Depuis, le président de la République, Emmanuel Macron, ses ministres des Affaires étrangères et de la Défense, Jean-Yves Le Drian et Florence Parly, maintiennent la position adoptée sous le mandat de François Hollande. Ils semblent n'avoir pas lu ou ne pas croire les rapports internationaux qui pointent les violations du droit humanitaire et les crimes de guerre commis par la coalition, ils ignorent ou ils éludent les accusations éventuelles de complicité indirecte qui en découlent[1]. Le soutien de Paris à Riyad reste indéfectible.

Le 9 mai 2019, lors d'un déplacement en Roumanie à l'occasion d'un sommet européen, Emmanuel Macron est à nouveau interpellé sur les ventes d'armes aux pays du Golfe. Il déclare : « L'Arabie saoudite et les Émirats arabes unis sont des alliés de la France. Et ce sont des alliés dans la lutte contre le terrorisme. Nous l'assumons totalement [...]. Je veux être très clair : on doit être dans les moments difficiles du côté de nos alliés et la guerre contre le terrorisme est pour nous prioritaire[2] ». Comment expliquer ce blanc-seing ? Qu'il suffit à ces mêmes pays du Golfe de redouter à leur tour le Golem djihadiste qu'ils ont contribué à créer pour en être disculpés ? Qu'il est compréhensible qu'ils continuent à financer le salafisme afin d'acheter une paix momentanée sur place, mais délétère pour le reste de la planète ? Qu'il faut jeter à la poubelle les courriels, révélés par les *Wikileaks*,

1. Céline Lussato, « La France est-elle complice de crimes de guerre au Yémen ? » *L'Obs*, 20 novembre 2018.

2. « Macron assume la livraison d'armes à l'Arabie saoudite malgré la guerre au Yémen », *Le Monde*, 9 mai 2019.

d'Hillary Clinton à son conseiller John Podesta et dans lesquels l'ex-Secrétaire d'État américaine, après avoir affirmé que « l'Arabie saoudite est la machine à *cash* des terroristes », précise, en évoquant la situation en Irak et en Syrie : « Nous devons aussi utiliser la voie diplomatique [...] pour faire pression sur le Qatar et l'Arabie saoudite qui fournissent clandestinement un soutien financier et logistique à Daech et d'autres groupes sunnites radicaux de la région[1]. ». Tout cela, la France ne le sait-elle pas également ?

Jamais à court d'arguments pour défendre son partenaire diplomatique et commercial, Paris prétend que sa contribution serait marginale, que les armes françaises ne seraient utilisées que « de manière défensive » et que l'on ne les retrouverait pas actives sur « la ligne de front »[2]. Mais où finit la défense et commence l'offensive ? À quelle distance s'établit la ligne de front ? Comment le canon Caesar, capable d'atteindre des cibles à plus de quarante kilomètres, éviterait les civils pour ne toucher que les militaires ? Une roquette française serait-elle plus intelligente que les autres, voire douée de conscience et susceptible de changer spontanément sa trajectoire programmée afin d'éviter de détruire une école parce que des enfants s'y sont réfugiés ?

C'est une tout autre réalité, documents confidentiels à l'appui, que divulgue le premier Claude Angeli dans les

---

1. « Wikileaks : pour Hillary Clinton, "L'Arabie Saoudite et le Qatar financent Daech" », *L'Opinion*, 11 octobre 2016.

2. Entre autres déclarations publiques de cette sorte, celle de Florence Parly, ministre des Armées, au micro de Radio-France : « À ma connaissance, les équipements terrestres vendus à l'Arabie Saoudite sont utilisés non pas à des fins offensives, mais à des fins défensives à la frontière avec l'Arabie saoudite. », *France Inter*, le 20 janvier 2019.

colonnes du *Canard enchaîné*[1] dès 2017 puis deux années plus tard au printemps 2019 le média en ligne *Disclose* avec la collaboration de la cellule d'investigation de *Radio France*[2]. À l'automne de la même année, un rapport des Nations unies sur la situation yéménite met en garde Paris et lui demande de suspendre immédiatement ses ventes d'armes à l'Arabie saoudite et aux Émirats arabes unis en raison de leurs violations de plusieurs règles du droit international et du droit humanitaire[3]. Les experts estiment même que la France pourrait demain être poursuivie devant un tribunal pénal international ou devant ses propres tribunaux pour complicité des crimes de guerre au Yémen.

Un tel avertissement ne semble pas assez convaincant toutefois pour que l'exécutif français décide, ce qui serait le minimum, d'interrompre toute nouvelle exportation d'armes à destination de Riyad. C'est que les sommes versées par l'Arabie saoudite à cette ligne budgétaire sont colossales. Elles ont atteint un montant de 11,3 milliards d'euros sur la décennie qui court entre 2010 et 2019[4]. Soit plus d'un milliard d'euros en moyenne par an et très exactement

1. Claude Angeli, « Nouveaux exploits guerriers des clients de la France », *Le Canard enchaîné*, 20 décembre 2017.

2. Le 15 avril 2019 précisément avec ce même jour une triple publication : sur le Net, *Disclose*, « Cartographie d'un mensonge d'État », *disclose.ngo/fr* ; à la radio, Bernard Collombat, « Révélations : la carte des armes françaises au Yémen », *France Inter* ; dans la presse, Pierre Alonso, « Armes françaises au Yémen : le document missile », *Libération*.

3. Mathilde Blayo, « Guerre au Yémen : la France, le Royaume-Uni et les États-Unis pointés du doigt par l'ONU », *La Croix*, 5 septembre 2019.

4. Selon les chiffres officiels que le gouvernement a présentés à l'Assemblée nationale dans son rapport sur les exportations d'armements. *defense.gouv.fr*, 2019.

l'addition que la monarchie wahhabite a acquittée sans sourciller lors du seul exercice 2018 pour régler sa commande de navires patrouilleurs. L'Arabie saoudite est devenue le deuxième plus gros client de la France en termes d'industrie militaire[1]. Comment une relation commerciale d'un tel volume financier ne finirait-elle pas par créer une forme de dépendance diplomatique ?

Les morts du Yémen ne figurent pas au chapitre des pertes dans ce bilan comptable. Pourtant, quand on a eu l'immense privilège comme moi de visiter ce pays, on ne saurait l'oublier. À la fois pour sa lumière, mais aussi pour ses ombres. Pour la générosité humaine qu'il dégage et pour les combats humanitaires qu'il engage. C'est afin d'en rapporter un documentaire sur les petites filles interdites d'écoles que je m'y suis rendue en 2014[2]. J'avais été émue par le destin de ces gamines privées d'instruction et mariées de force dès l'âge de huit ans en contrepartie d'une maigre dot. Certaines meurent d'hémorragie le lendemain de leur nuit de noces. On les appelle les mariées de la mort[3]. Beaucoup d'entre elles sont envoyées en Arabie saoudite où les attend leur bourreau. Des petites filles trouvent parfois le courage de s'enfuir pour échapper à leur calvaire. Mais elles sont peu nombreuses à y réussir.

---

1. Les Décodeurs, « Ventes d'armes : l'Arabie saoudite a passé 11 milliards d'euros de commandes à la France en 9 ans », *Le Monde*, 23 octobre 2018.
2. Ce documentaire, intitulé précisément *Interdites d'école*, a été produit et diffusé par *Canal+* cette même année 2014.
3. « Au Yémen, ces "mariées de la mort" qui rêvent de l'école », *L'Orient-Le Jour*, 14 octobre 2013.

Khadija al-Salami, qui m'a accompagnée dans cette aventure, est l'une de ces rescapées. À force de résilience, elle est aujourd'hui une grande réalisatrice, internationalement réputée. Le pays aux mille contrastes qu'elle m'a fait découvrir m'a bouleversée et, voyant combien d'enfants, de femmes et d'hommes étaient prêts à se lever contre les vestiges d'un archaïque système patriarcal, j'ai juré à mon amie d'y revenir un jour, lui expliquant avec ce brin de folie qui me caractérise que nous achèterions une maison de plusieurs étages dans le vieux Sanaa et que nous la transformerions en une école pour les petites filles ! Je l'avoue, mon idée ne lui paraissait pas totalement raisonnable. Mais j'avais été envoûtée par le Yémen et révoltée aussi par notre indifférence à la souffrance de tout un peuple, affamé et abandonné. Un peuple qui, aujourd'hui plus que jamais, crie et nous appelle.

Quand j'ai appris la mort de la petite Amal en lisant le *New York Times*, je me suis convaincue qu'il me fallait, à mon tour et à mon modeste niveau, écrire sur le Yémen afin que ses enfants ne continuent pas de mourir oubliés de tous à travers le monde, oubliés de nous en France. C'est aux mots de Primo Levi que j'ai alors songé, redoutant qu'ils ne trouvent sous nos yeux une sombre actualité : « Ce qui a eu lieu est une abomination, qu'aucune prière, aucun pardon, aucune expiation, rien de ce que l'homme a le pouvoir de faire ne pourra jamais réparer[1]. »

Telle est la justification de ce livre.

---

1. Primo Levi, *Si c'est un homme*, Pocket, 1998, p. 202.

IL ÉTAIT UNE FOIS L'AUTRE ARABIE

Qui dit le Yémen dit évidemment Sanaa, perchée en altitude, aux habitations ocre qui se confondent avec le bistre des montagnes alentour, aux ruelles regorgeant de façades ornées de motifs géométriques, aux minarets trouant la ligne d'horizon que dessinent les jardins disséminés entre les mosquées, les hammams et les caravansérails. Qui dit le Yémen dit aussi Zabid, étirée dans la plaine de Tihama près la mer Rouge, fondée au temps de Charlemagne, connue pour son université médiévale qui, berceau de l'algèbre, aurait offert jusqu'à 5 000 places à des mathématiciens venus du monde entier pour y étudier[1] et dont la médina languissante où alternent la brique écarlate et la chaux blanchâtre semble échapper au temps. Qui dit le Yémen dit également Chibam, accrochée à un éperon rocheux dominant vertigineusement le lit de l'oued Hadramaout, dont les maisons-tours en brique crue séchée au soleil, hautes de sept étages expliquent son surnom improbable de « Manhattan du désert ».

Ces trois villes ont revêtu chacune, à un moment ou à l'autre, le statut de capitale de principautés. Elles ont fait rêver les mystiques et les savants, elles ont été dépeintes par les écrivains et les artistes. C'est dans Sanaa que le romancier

1. Habib Abdulrab Sarori, « Un pays fantasmé et méprisé », dans *Yémen, Écrire la guerre*, Classiques Garnier, 2018, p. 172.

Romain Gary s'est perdu avec joie[1]. C'est sur la route de Zabid que le poète Lorand Gaspar s'est senti plonger dans l'univers coloré du peintre Paul Klee[2]. C'est à Chibam que le cinéaste Pier Paolo Pasolini a tourné de nombreuses scènes de sa version très érotique des *Mille et une nuits*[3]. Ces lieux magiques m'ont fascinée lors de mon séjour en 2014. L'année d'après, en 2015, avec le déclenchement de la guerre, chacun d'entre eux est tombé sous la menace d'être transformé en ruines. Et peut-être seront-ils tous bientôt réduits à l'état de poussière.

La catastrophe qui frappe le Yémen est double : elle est humanitaire et elle est patrimoniale. Face à l'extermination des personnes, la destruction des pierres peut paraître *a priori* secondaire, je le comprends. Mais ces deux formes d'agression participent en fait d'un même programme d'éradication. On n'abaisse jamais autant un peuple qu'en abolissant son histoire. Trois mille ans d'une civilisation qui nous relie aux origines sont ainsi en train de voler en éclats sous les bombes larguées par les avions saoudiens. Amputés de leur passé, les Yéménites qui survivront au conflit seront d'autant plus dans l'incapacité de penser leur avenir. Et nous, avec eux, pour envisager notre futur commun.

Lors d'un colloque international sur le patrimoine des pays en guerre qui s'est tenu à Paris en novembre 2017, Jérémie

---

1. Romain Gary, *Les Trésors de la mer Rouge*, Gallimard Folio, 2009, p. 108-109.

2. Lorand Gaspar, *Arabie heureuse et autres journaux de voyage*, Deyrolle, 1997, p. 112.

3. Pasolini profita de tournage, en 1974, pour filmer un petit documentaire méconnu sur Chibam afin de soutenir l'inscription de la ville au patrimoine mondial de l'Unesco.

Schiettecatte, chercheur au CNRS, rappelait ce legs exceptionnel : « C'est au Yémen qu'a été trouvé le premier texte en écriture alphabétique en Arabie vers le XIe siècle avant Jésus-Christ. C'est le Yémen antique qui a diffusé l'alphabet dans toute la péninsule Arabique et l'Éthiopie. C'est au Yémen qu'on a vu apparaître les premières cités dans la péninsule Arabique dotées d'un système défensif, d'une architecture en pierre taillée et d'une organisation politique, sociale et religieuse complexe et spécifique. C'est au Yémen que les premiers barrages du monde dont celui de Marib qui est le plus célèbre, mentionné dans le Coran, ont été érigés. C'est du Yémen que partait la route des encens pour le Levant. C'est au Yémen qu'on a trouvé le plus ancien manuscrit coranique au monde datant du milieu du premier siècle de l'Hégire, donc du VIe siècle. Enfin, le Yémen est un des rares pays du monde qui abrite plusieurs villes antiques classées par l'Unesco[1]. »

D'où le caractère mythique de ce pays, à la croisée des héritages juif, chrétien et musulman, qui a toujours attiré les aventuriers en quête de mystère, d'exotisme et d'adrénaline. Il conserve une dimension biblique dont la plus belle incarnation demeure son illustre souveraine, la reine de Saba, qui aurait régné plus de mille ans avant notre ère sur un immense territoire à cheval sur l'Arabie et l'Abyssinie. La légende de cette femme que les sources yéménites nomment Balkema, le texte coranique Balkis et la chronique éthiopienne Makeda,

1. Jérémie Schiettecatte, « Yémen. Un patrimoine vandalisé dans un pays en proie au chaos », dans J. Bessenay, A. Havé, J.-J. Herr & M. Mura (eds.), *Proceedings of the international conference Archaeology of conflict*, Paris, 2019, p. 63-88.

s'est perpétuée d'âge et d'en âge au point que la fascination qu'elle a suscitée autrefois reste entière aujourd'hui.

Il existe mille et une versions du lien passionné entre la reine de Saba, Balkema, et le roi d'Israël, Salomon. Toutes s'accordent cependant pour reconnaître que la beauté de l'une n'a d'égale que la sagesse de l'autre. La plus ancienne, celle du Livre des Livres, rapporte qu'afin de rencontrer le roi qu'elle veut à tout prix connaître, la reine emprunte la voie qui mène de l'océan Indien à la mer Méditerranée. Une fois arrivée à Jérusalem les bras chargés de précieux présents, elle le défie en lui soumettant diverses énigmes auxquelles il se fait un devoir de répondre avant que, satisfaite de l'avoir éprouvé, elle ne décide de s'en retourner dans son royaume, y apportant la révélation du Dieu unique[1]. Dans d'autres versions, la reine se montre ensorceleuse et séduit le roi. Dans d'autres encore, c'est le roi qui s'éprend follement d'elle et la piège à son désir. Dans tous les cas, leur rencontre tourne au jeu amoureux. Lors de la dernière nuit de son séjour dans la Ville sainte, Balkema conçoit avec Salomon un fils, le futur Ménélik, fondateur de la dynastie impériale dont le dernier négus d'Éthiopie, Haïlé Sélassié, se voudra le descendant.

Pour ma part, il n'est pas indifférent qu'à rebours des images convenues de machisme et de violence, ce soient une femme et une histoire d'amour qui portent l'imaginaire yéménite. Cette légende aux mille et une versions a engendré

1. Premier Livre des Rois, chapitre 10. Le Livre des chroniques (9, 1-9) fait également état de cette rencontre. Ailleurs dans la Bible, la reine de Saba transparaît dans la « Yéménite » du Cantique des cantiques (1,5-6) et la « Souveraine de Midi » de l'Évangile de Luc (11, 31). Le Coran l'évoque à la sourate 27. Mais c'est le grand récit épique éthiopien du XIIIe siècle, le *Kebra Nagast*, qui abonde le plus en détail.

mille et un fantasmes ainsi que mille et une expéditions, de la nuit des temps jusqu'à nous. Début 1934, auréolé du prix Goncourt pour *La Condition humaine*, le jeune Malraux, toujours en quête d'aventures, déclare à la presse : « Je pars le 8 janvier prochain pour un raid en Afrique. Je veux essayer de repérer une ville inconnue qui fut la capitale d'une civilisation disparue ». C'est Marib, l'antique capitale du royaume de Saba, qu'il entend découvrir mais il a beau survoler le Yémen à bord du Farman 190 que lui a prêté le mécène Paul-Louis Weiller, le mystère demeure entier[1]. À son retour, il note : « La Reine de Saba est connue par deux sources : la Bible et le Coran. En somme, les dieux seuls ont écrit sur elle ».

Pourtant, la cité de Marib, lieu éminent de pouvoir, de piété et de pèlerinage, a bel et bien existé il y a plus de trois mille ans. Ce sont deux femmes, deux exploratrices anglaises et suffragettes comme je les aime, Gertrude Caton-Thompson et Freya Stark qui, tout juste après Malraux, ont initié des fouilles archéologiques à l'est de Sanaa, l'actuelle capitale. Elles ont abouti, au cours des années 1970, à l'identification du site sacré de la reine de Saba. En son cœur trônait le magnifique sanctuaire de Mahram Bilqis qui, exhumé des sables, est désormais exposé à un déluge d'acier.

Connu des Égyptiens, des Grecs, des Romains, le futur Yémen fascine le monde antique. Pays carrefour, sa prospérité repose sur le commerce de l'or, des épices, de la myrrhe aussi, cette gomme-résine servant à la fabrication des

1. André Malraux, *La Reine de Saba, « Une aventure géographique »*, Gallimard, 1993, p. 132. Voir également Jean-Claude Perrier, *André Malraux et la Reine de Saba*, Cerf, 2016.

parfums. Centre de civilisation, sa réputation procède de ses temples grandioses, de ses systèmes sophistiqués d'irrigation, de ses villes innovantes et imposantes. Mais il faut attendre le premier siècle de notre ère pour que l'empire himyarite, unissant les principautés montagnardes et les cités littorales, contrôle l'ensemble de cette région que les géographes latins nomment *Arabia Felix*, l'« Arabie heureuse »[1].

Terre de bonheur, le futur Yémen est alors une terre de mission pour les monothéismes venus du Levant qui renforcent son caractère sémitique : le judaïsme rabbinique d'abord, le christianisme syriaque ensuite. C'est de là que l'Évangile essaime en Afrique, en Éthiopie, et en Inde, au Kerala. Mais les vagues d'invasions se succèdent et chacune apporte une nouvelle coloration religieuse. Au VIe siècle, les Perses importent Zoroastre et, au VIIe siècle, les Arabes imposent Mahomet. Bientôt, l'islam règne sur la région. Toutefois, les synagogues et les églises perdurent jusqu'au Moyen Âge. Au XIIe siècle, le philosophe Maïmonide rédige sa célèbre *Épître aux Juifs yéménites* tandis que la ville de Najran s'illustre par ses mausolées chrétiens consacrés au culte des martyrs. Au même moment, des lignées issues des grandes tribus autochtones, dont les Houdides, prennent pied au Maghreb puis en Espagne et jouent un rôle significatif au sein du royaume d'Al-Andalous.

Alors que le pays devient le terrain par excellence de l'affrontement entre le sunnisme et le chiisme, ses habitants

1. Pour saisir tout le raffinement de cette période, il faut lire, dans la collection « La vie quotidienne », l'ouvrage de Jean-François Breton, *L'Arabie heureuse au temps de la reine de Saba VIIIe-Ier siècle avant J.-C.*, Hachette, 1998.

optent pour la troisième voie que représente le zaydisme[1]. Si je ne saurais me prendre pour une islamologue de métier, j'ai vite compris qu'il me fallait lire sur ce culte ancien car, au Yémen comme ailleurs, il éclaire la culture d'aujourd'hui et en met au jour les ressorts fondamentaux.

Cette branche de l'islam a pour particularité d'être d'affiliation chiite par la doctrine et d'expression sunnite par la pratique. Elle tient son nom de l'imam Zayd ibn Ali, un descendant du Prophète qui, au VIIIe siècle, fut tué par le calife omeyyade Hicham contre lequel il s'était soulevé. Le sacrifice de Zayd restera le symbole de la passion à la fois religieuse et politique que mettront les Yéménites à défendre leur liberté.

Bien que répandu un temps en Iran, en Azerbaïdjan ou encore en Afrique du Nord, le culte zaydi garde pour sanctuaire le Yémen où il bénéficie d'une forte assise tribale. Concentré dans la région de Saada, très présent à Sanaa, Dhamar, Hajjah et Amran, entre autres lieux qui ont été pendant un millénaire à la main de ses dignitaires, il rassemble traditionnellement près de la moitié des Yéménites[2]. Un dicton dit des zaydites qu'ils sont « les sunnites des chiites, et les chiites des sunnites », ce qui signifie qu'en définitive chacun des deux grands courants antagonistes de l'islam les identifie comme étant de l'autre camp. Une position, on

---

1. Voir Janine et Dominique Sourdel (éd.), *Dictionnaire historique de l'islam*, PUF, 2004, p. 865-867. Le zaydisme n'est guère documenté en dehors des milieux savants, sinon pour sa puissance de ferment révolutionnaire à l'époque contemporaine.

2. Pew Research Center, « *Mapping the Global Muslim Population* », 2 octobre 2009, p. 41, *pewresearch.org*.

l'aura compris, qui n'est pas de tout repos. Et que complique une situation géographique qui en fait une clé stratégique.

À nos yeux contemporains, le Yémen paraît occuper une place moins décisive que la Syrie mitoyenne du Liban, de l'Irak, de la Jordanie aussi bien que de la Turquie et d'Israël. Il n'en a pas toujours été ainsi et, à bien y regarder, c'est un rôle pivot qu'il conserve dans la région et par-delà. Comme l'écrit justement Ghassan Salamé, « le Yémen est trop bien situé[1] ». Ce pays à la charnière des grandes voies maritimes du commerce entre les continents a toujours suscité la convoitise. Au Moyen Âge, il est contrôlé tour à tour par les Omeyyades, les Abbassides, les Ayyoubides, puis administré par les Rassoulides et les Tâhirides. À l'orée des Temps modernes, il passe sous la coupe de l'Empire ottoman après la prise d'Aden, en 1538, et de Sanaa, en 1547 : il s'agit déjà pour Soliman le Magnifique, qui est le calife des sunnites, d'endiguer la poussée de l'Empire perse qui, sous les Safavides, a endossé le chiisme comme religion d'État. Là encore, cette prise en étau vieille de plusieurs siècles perdure encore aujourd'hui.

Depuis Istanbul et ses bazars sur le Bosphore, la Sublime Porte exalte cette terre des merveilles qui abrite dans ses montages tant de richesses naturelles, dont cette plante aux baies rouges qui donnera le café. Elle en assure la renommée qui traverse les mers et touche les encyclopédistes : Voltaire aimera dire de cette pointe de l'Orient qu'on y « trouve le pays le plus agréable de la terre, l'air y est parfumé, dans

1. Ghassan Salamé, « Les dilemmes d'un pays (trop) bien situé » dans Rémy Leveau, Franck Mermier, Udo Steinbach (dir.), *Le Yémen contemporain*, Karthala, 1999, p. 37.

un été continuel, de l'odeur des plantes aromatiques que la nature y fait croître sans culture[1] ».

Chassés après un siècle d'occupation, les Ottomans reprennent la capitale en 1872 et régentent le nord du pays au prix d'escarmouches constantes avec les tribus locales. Le Sud échappe à leur emprise car il est tombé entre-temps sous l'influence des Britanniques. Les *Royal Marines* l'ont investi à partir d'Aden, escale indispensable sur la route des Indes dont ils se sont emparés en 1839. Du petit village aux casemates de roseaux, ils ont fait un grand port moderne et un havre de progrès où Arthur Rimbaud séjournera dans les années 1880, descendant à l'Hôtel de l'Univers, avant de tomber malade[2]. Comme tous les visiteurs débarquant de Paris, j'ai rêvé de retrouver la présence impalpable du poète. Mais c'est de l'autre côté des eaux que se trouve alors le principal comptoir tricolore, dans le territoire des Afars et des Issas que s'est approprié Napoléon III en vue de la percée du canal de Suez. La compétition fait alors rage entre les grandes puissances européennes pour la domination des verrous maritimes. Les troupes de la reine Victoria se sont également installées sur l'île de Perim, en face de Djibouti tenu par les Français, afin de maîtriser le détroit de Bab al-Mandeb qui sépare la péninsule arabique de la Corne

1. Voltaire, *Essai sur les mœurs et l'esprit des nations*, Genève, 1756, p. 94. Voir l'édition électronique réalisée par l'université du Québec à Chicoutimi, *classiques.uqac.ca.*

2. L'« homme aux semelles de vent » figure-t-il sur le cliché de groupe pris en 1880 sur le perron de l'Univers et découvert plus d'un siècle plus tard : Mohamed Aissaoui, « Rimbaud, la photo retrouvée », *Le Figaro*, 15 avril 2010 ? Fermé en 1936, puis rouvert un peu plus loin en 1957, le « Grand Hôtel d'Aden » est un tas de ruines depuis 2015.

de l'Afrique[1]. Les acteurs ont changé mais, en ce début de XXIe siècle, Bab al-Mandeb reste un enjeu majeur sur l'échiquier international.

Déjà malade, l'Empire ottoman ne résiste que mollement à la pénétration de l'Empire britannique. Elle lui semble à la marge mais constitue vite une invasion et une occupation qui ne dit pas son nom. Entre 1902 et 1904, Istanbul et Londres travaillent de concert à se partager le territoire et s'accordent sur une frontière qui institue deux Yémen : celui du Nord où le pouvoir ottoman prévaut tant bien que mal face à l'état de révolte endémique propagée par les imams ; celui du Sud où les cheiks et les sultans coexistent de façon plus ou moins pacifique sous l'administration britannique.

Cette frontière, qui correspond en fait à un partage colonial, perdurera jusqu'en 1990. Deux États en résulteront qui vont longtemps s'opposer. D'un côté, le Nord proclame son indépendance dès 1918 à la faveur de la décomposition de l'Empire ottoman et institue une monarchie aux relents théocratiques, guidée par un imam-roi qui, en 1962, laisse la place à un régime autoritaire de type conservateur : c'est la République arabe du Yémen. De l'autre côté, le Sud, morcelé en trois zones de protectorat, se rassemble peu à peu au long de sa longue lutte contre le colonisateur et obtient le retrait final du Royaume-Uni en 1967 avant de se décréter marxiste-léniniste et d'adhérer au bloc soviétique en 1970 : c'est la République démocratique et populaire du Yémen. L'antagonisme ancestral a pris la forme de la division fondamentale qui régit le monde d'alors, entre l'Ouest capitaliste

---

1. Laurent Bonnefoy, *Le Yémen : de l'Arabie heureuse à la guerre*, Fayard, 2017, p. 16.

et l'Est communiste. Mais, déjà, la différence de structuration et d'évolution entre les deux États a pour explication le facteur religieux dont, en premier lieu, le zaydisme[1].

Ses imams agitent aussi bien la République conservatrice qu'ils critiquent que la République socialiste qu'ils refusent. La première se veut démocratique, la seconde athée, et les deux bouleversent les hiérarchies anciennes. En 1962, au Nord, ils essaient de dessiner une troisième voie au sein de la guerre civile qui oppose les monarchistes, aidés par l'Arabie des Saoud, aux républicains qui, soutenus par l'Égypte de Nasser, finissent par l'emporter. En 1989, au Sud, ils tentent de mettre à profit la chute du Mur de Berlin pour réveiller le sentiment national et contrer, par leur propre piétisme, l'islamisation croissante de la société sur le mode salafiste que promeut Riyad.

Plusieurs fois projetée et aussi souvent ajournée, l'unification devient une réalité et, en 1990, naît la République du Yémen. Ce n'est pourtant pas l'*Arabia felix* qui renaît. Divisé à l'intérieur, ignoré à l'extérieur, le pays le plus paupérisé du monde arabe est jugé trop périphérique pour attirer l'attention internationale. Son instabilité politique et son isolement diplomatique attisent au contraire la convoitise de ses voisins du Golfe. À commencer par le royaume saoudien auquel l'or noir donne les moyens d'assouvir enfin sa volonté d'hégémonie. Mohammed ben Salmane a alors cinq ans mais son enfance dans les palais de Riyad est déjà peuplée d'aspirations de conquête.

---

1. Jacqueline Lopour, « Spotlight on Yemen's Forgotten War and Humanitarian Disaster: Preventing the Next Syrian Refugee Crisis », *CIGI Papers*, mars 2016.

LE RÉVEIL HOUTHI

Malgré le grand basculement planétaire de 1989, dans le pays de misères et de malheurs que demeure le Yémen, le processus de l'unité nationale patine et ne convainc pas. Il est perçu comme injuste par de nombreuses tribus septentrionales, juchées dans la montagne, sans qu'il n'emporte l'adhésion des cités méridionales, tournées vers la mer. Les Zaydites restent au premier rang de la contestation face au régime césarien et corrompu du président Ali Abdullah Saleh qui, au pouvoir dans le Nord depuis 1978, étend désormais sa main de fer sur le Sud. Alors que l'unification advient en pleine guerre du Golfe, l'autocrate réussit à se maintenir aux commandes en jouant des prébendes, des rivalités et des radicalismes religieux. Il conduit plusieurs vagues de répression afin d'étouffer les oppositions naissantes qui réclament plus de démocratie.

Hussein Badreddine Al-Houthi en est la première incarnation[1]. Descendant du Prophète, fils d'un hiérarque zaydite, ancien étudiant à Qom, le « Vatican » du chiisme iranien, cet idéologue qui sait capter les foules a créé en 1992 le

1. La meilleure description de l'homme, de son environnement et de ses théories reste l'étude de Katherine Zimmerman et Chris Harnisch « Profile : al Houthi movement », The American Enterprise Institute, *criticalthreats.org*, 28 janvier 2010.

Forum des jeunes croyants. Un temps député sous l'étiquette monarchiste, il devient le ténor de la contestation populaire et orchestre l'agitation de la rue. Son but est de protéger le zaydisme de l'empiétement des islamistes sunnites financés par les puissances du Golfe et, plus généralement, d'empêcher le Sud de mettre en coupe réglée le Nord où la province de Saada sert de sanctuaire à son mouvement.

Le conflit qui les divise, lui et Saleh, est d'ordre politique mais aussi symbolique. Vu des chancelleries européennes, ce motif peut sembler superficiel mais j'ai toujours considéré, pour en être moi-même issue pour partie, qu'il faut porter la plus grande attention à l'imaginaire des sociétés traditionnelles. Bien que zaydite, le président du Yémen uni n'est pas un « hachémite » : il ne relève pas de la lignée de Mahomet et s'est plutôt acharné à dépouiller les grandes familles dynastiques, dont les Al-Houthi, de leurs privilèges traditionnels. Ce qui a conforté chez elles l'idée qu'il est un usurpateur, prêt à solder le pays à l'étranger.

Or, c'est précisément l'alignement de Saleh sur Washington, après 2001, qui va servir de détonateur à la relation déjà houleuse entre les deux hommes. Au cours de l'été 2004, le jeune cheikh lance une vaste campagne de manifestations anti-américaines. Le vieux gouvernant fait donner la troupe. Vite, on compte les morts dont le nombre se monte à plusieurs centaines parmi les partisans d'Al-Houthi[1]. Le Yémen est à nouveau en ébullition. Mais plutôt que de s'occuper du Sud, où renaît la tentation séparatiste, le président Saleh se concentre sur le revivalisme zaydite dont il estime

1. « Yemen continues anti-cleric drive », BBC, *news.bbc.co.uk*, 9 août 2004.

qu'il menace le Nord, son propre fief qu'il régente depuis deux décennies.

Accusé de rébellion au profit de Téhéran, sa tête mise à prix pour 75 000 dollars, une fortune au Yémen, Hussein Al-Houthi est capturé et exécuté par les forces militaires le 10 septembre 2004 à la grande satisfaction de Riyad[1]. Le mouvement qu'il a créé se voulait politique. Il se fracture et donne lieu à une branche armée que dirige son frère cadet, Abdelmalek. L'insurrection qui s'ensuit prend le nom de « rébellion des Houthis », ses partisans ayant endossé le patronyme de leur chef défunt qu'ils ont élevé au rang de martyr et de son successeur désigné en vertu des liens du sang et du système d'allégeance confessionnelle[2]. C'est le début de la guerre dite de Saada au cours de laquelle vont alterner, pendant une décennie, accrochages mineurs et batailles rangées, mais dont va se désintéresser, à tort, la communauté internationale[3].

Vous me direz, si vous avez un peu lu sur la question, que cette énième rébellion a comme un air de déjà-vu et qu'ainsi va le Yémen depuis des siècles ? Oui, les conflits intérieurs sont le lot commun, ils s'enracinent dans la nuit des temps et, lorsqu'un arrangement est trouvé, ce sont les interventions extérieures qui viennent régulièrement ranimer les hostilités. Oui, il n'y a pas lieu de plus exonérer l'un ou l'autre des

---

1. L'évolution du mouvement est documentée dans la thèse de Samy Dorlian, *La mouvance zaydite dans le Yémen contemporain : une modernisation avortée*, L'Harmattan, 2013.

2. Marianne Meunier, « Au Yémen, une rébellion soudée autour d'un chef charismatique », *La Croix*, 5 décembre 2017.

3. Pierre Bernin, « Les guerres cachées du Yémen », *Le Monde diplomatique*, octobre 2009.

partis en présence de la culture tribale et belliqueuse que tous partagent à égalité, les Houthis comme leurs adversaires. Oui, traditionnellement, l'Iran ne joue pas moins de cette instabilité chronique que l'Arabie saoudite, ce qui est vrai aujourd'hui comme cela l'a été hier et avant-hier. Mais, pour autant, non, cette fois l'histoire ne fait pas que se répéter au Yémen.

Le basculement de l'ordre international, passé de l'affrontement entre l'Est et l'Ouest à la confrontation entre le Sud et le Nord, change la donne. Dans la suite de la chute du communisme et de l'avènement de l'islamisme, la guerre tribale et confessionnelle des Houthis prend une dimension géostratégique. Si le tournant s'opère lorsque le président Saleh décide de rallier les États-Unis, c'est la collaboration active entre les deux pays sur le sol yéménite, notamment en matière de renseignement, qui met le feu aux poudres. Reconduite par son successeur, le président Hadi, elle a pour but officiel d'éradiquer le djihadisme dont le Yémen a été un des berceaux et qui trouve un terreau propice au sein des milieux sunnites radicalisés. Tous deux, Saleh et Hadi, vont autoriser les frappes de drones Predator contre les bases d'Al-Qaida dans la péninsule arabique (AQPA) qui, comme les bastions houthis, sont concentrées dans le nord-ouest du pays[1].

L'organisation terroriste peut d'autant mieux se revendiquer de l'héritage d'Oussama ben Laden que le père de ce dernier était yéménite. Comme son modèle, elle se donne pour objectif de propager la terreur sur place et dans l'hémisphère occidental. C'est l'APQA, alors embryonnaire, qui a organisé l'attentat-suicide contre le destroyer USS Cole le

1. Robert F. Worth, « Dans la fabrique d'Al-Qaida au Yémen », *Books*, avril 2013.

12 octobre 2000 dans le port d'Aden, inaugurant ainsi l'ère publique de la terreur islamiste[1]. Et c'est l'APQA, désormais expansionniste, qui sera derrière l'attentat meurtrier commis contre la rédaction de *Charlie Hebdo* le 7 janvier 2015[2]. Cette histoire qui peut sembler lointaine est donc aussi la nôtre – la vôtre et la mienne.

En plus des éliminations téléguidées et ciblées, les États-Unis procèdent à des tirs de missiles, des raids aériens et des opérations commando clandestines au sol[3]. Comme il était prévisible, puisque telle est la règle fatale dans ce type d'interventions, les « dommages collatéraux », selon l'expression orwellienne que je peine toujours à utiliser, s'avèrent vite calamiteux. Les Houthis s'opposent à ce qu'ils perçoivent comme une intolérable ingérence dans leur *hinterland*, leur refuge historique. Qu'elle cause autant de victimes au sein de la population nordiste que parmi les djihadistes leur est insupportable. Qu'elle replace les zaydites au centre du conflit entre sunnites et chiites dont ils ont toujours été les grands perdants

1. Après avoir longtemps échappé à la justice, son planificateur, le yéménite Jamal Al Badawi, également responsable de l'attaque contre le pétrolier français Limburg à Aden en 2002, a été exécuté à Marib, le 1er janvier 2019, par le tir ciblé d'un missile Hellfire : « Le cerveau de l'attentat contre l'USS Cole éliminé au Yémen », *Ouest-France*, 6 janvier 2019.

2. Au cours de leur fuite, les frères Kouachi n'ont cessé de se revendiquer d'APQA et il sera établi que l'aîné, Saïd, s'était rendu au Yémen en 2011 pour s'entraîner dans les camps de l'organisation. Le 9 janvier 2015, Harith al-Nadhari, l'un de ses chefs, menace la France de nouvelles attaques. Il sera abattu un mois plus tard par un Predator : voir Marie Desnos, « Hareth al-Nadhari – Le chef religieux d'Al-Qaida au Yémen tué par un drone », *Paris Match*,5 février 2015.

3. Laura Kasinof, « Strikes hit Yemen as violence escalates in capital », *The New York Times*, 5 octobre 2011.

leur fait prendre, comme jamais, les armes. Il ne s'agit plus d'un sempiternel combat ancestral, mais d'une lutte à mort.

La révolte houthie devient un foyer majeur de la crise yéménite. Le Président Saleh fait feu de tout bois et n'hésite pas à s'allier à des milices salafistes pour la contrer. De 2004 à 2010, les Houthis lancent à plusieurs reprises des offensives contre le gouvernement qui, en 2009, reçoit l'appui de l'Arabie saoudite. L'Iran dénonce cette collusion et déjà s'esquisse la future « guerre par procuration » entre les deux puissances régionales[1].

La situation bascule en 2011 lorsqu'au Yémen, comme ailleurs, les soulèvements populaires du Printemps arabe entraînent la paralysie de l'appareil étatique. Dès le début de l'année, le pays, pourtant morcelé et désuni, connaît une série de manifestations emmenées par la jeunesse. Les Houthis saisissent la balle au bond. Ils se joignent à la contestation estudiantine, montrent leur force en organisant des défilés militaires et tâchent de s'imposer à la future table des négociations. Malgré les annonces d'Ali Abdullah Saleh promettant l'organisation anticipée d'élections et une révision de la Constitution, les manifestations ne faiblissent pas, rallient les chefs tribaux, religieux et politiques. Elles entraînent une répression sanglante qui court de mars à juin, et de Sanaa à Taëz, dont les Houthis, à la pointe des combats de rue, sont les premières cibles[2].

---

1. Colonel Jean-Louis Dufour, « Yémen : "Drôle de guerre" ou guerre ordinaire ? », *L'Économiste*, 17 novembre 2009.

2. Laurent Bonnefoy, Franck Mermier, Martine Poirier (dir.), *Yémen-Le tournant révolutionnaire*, Karthala-Cefas, 2012. Outre l'analyse détaillée des complexités en jeu, cet ensemble offre de saisissants documents photographiques.

Le 3 juin 2011, Saleh est blessé dans l'attentat à la bombe qui frappe la « mosquée-musée » érigée par ses soins au cœur de son palais présidentiel – puisqu'à mon grand désespoir, certainement partagé, le monde arabe n'a plus aujourd'hui pour expression artistique monumentale que le kitsch délirant auquel s'adonnent ses tyrans. Le lendemain, il est transféré à Riyad pour y être soigné. Depuis son exil saoudien, il ravive, à chaque annonce de son retour, la colère populaire et sa réapparition à Sanaa, le 24 septembre, marque la reprise des émeutes. Les États-Unis et les pays du Golfe finissent par négocier le départ du potentat sanguinaire.

Le 23 novembre, Ali Abdullah Saleh accepte de céder le pouvoir dans le cadre d'un accord de transition, y gagnant au passage le titre de président honoraire et l'assurance d'une parfaite immunité[1]. Le vice-président Abd Rabbo Mansour Hadi, son second de longue date, prend la tête du pays et, seul candidat au poste, remporte l'élection du 21 février 2012, le scrutin étant marqué par de graves troubles et une faible participation. Lui-même s'est engagé solennellement à quitter ses fonctions après la mise en place de nouvelles institutions démocratiques. Nul besoin d'être devin, cependant, pour pressentir que les promesses des deux hommes n'ont guère de chances d'être tenues.

Même si le Yémen n'est plus en guerre ouverte, il continue de se délabrer progressivement. Pendant cette période, Al-Qaida dans la Péninsule Arabique, qui a également pris depuis 2011 le nom d'Ansar al-Charia, connaît une scission. Sa fraction internationaliste se rallie à Daech, l'État islamique (EI), et profite de l'anarchie ambiante pour étendre

1. « Yémen : Saleh quitte le pouvoir », *Le Monde avec AFP*, 23 novembre 2011.

son influence territoriale, notamment dans le Sud afin d'y reproduire le modèle irako-syrien[1]. Depuis le Nord, qui demeure sous leur influence, les Houthis deviennent ainsi un des principaux obstacles à son expansion. Ils combattent front à front la nébuleuse djihadiste, mais ils n'en retirent guère de bénéfice. Il leur faut aussi faire face à Al-Hirak, le mouvement séparatiste du Sud fondé en 2007 : ce conglomérat d'activistes marxistes et islamistes prépare ses formations paramilitaires à la lutte finale pour l'indépendance tout en jouant, en surface, la carte Hadi[2].

En janvier 2014, trois années après la « révolution yéménite » des printemps arabes, l'instance chargée du dialogue national préconise de transformer le pays en un État fédéral composé de six provinces. Le projet prévoit que Saada soit intégré à un territoire plus vaste qui le rendrait *de facto* aggloméré au Sud. Les Houthis refusent et demandent une région qui leur soit propre ainsi qu'un accès à la mer, ce que leur dénient les représentants sudistes, prêts de leur côté à faire sécession. La médiation des Nations unies se heurte au prévisible échec que laissait présager son application mécanique de la théorie du *nation building* au cas yéménite[3]. Les œillères culturelles des émissaires internationaux, leur conviction qu'un même modèle instantané peut valoir toujours et

1. Ce sera au printemps 2014 que les dissidents feront officiellement allégeance au calife autoproclamé Al-Baghdadi. Pour suivre *de visu* l'évolution de cette rivalité interne : Sarah Diffalah, « Carte. La galaxie de l'État islamique » *L'Obs*, 14 novembre 2014.

2. Katherine Zimmermann, « Yemen's southern challenge : Background on the rising threat of secessionism », The American Enterprise Institute, *criticalthreats.org*, 5 novembre 2009.

3. Monkey Cage, « Yemen's transition to political stability was doomed to fail », *The Washington Post*, 27 octobre 2015.

partout ne font pas que m'étonner, elles me font enrager. Car leur mission finie, ce sont les petites gens qui paient les pots cassés de leurs entêtements.

Le président Hadi, que les couches populaires savent corrompu, sacrifie l'unité nationale à son maintien illégitime au pouvoir. L'ex-Président Saleh y trouve l'occasion de revenir dans la course. Les indépendantistes d'Al-Hirak entrent dans la danse. L'occasion est trop belle pour les djihadistes de l'AQPA et de l'EI. Ni les États-Unis, ni les pays du Golfe n'ont tenu parole. Le reste de la communauté internationale est aux abonnés absents. La transition vers plus de démocratie est à ranger au chapitre des promesses mortes. La guerre civile éclate, totale cette fois.

Au cours de l'été 2014, les Houthis, aidés par les troupes fidèles à Saleh, reprennent leur offensive et étendent leur influence au-delà de leur fief du Nord. Cet étonnant attelage contresigne la confusion absolue dans laquelle est plongé le pays. Le 21 septembre 2014, les Houthis et leurs alliés entrent dans la capitale Sanaa et renversent Hadi. Peu de temps après, un accord de paix est conclu entre les deux parties belligérantes mais, immédiatement ou presque, le retour aux armes le rend caduque. En janvier 2015, les Houthis assiègent le palais présidentiel et, en février, attaquent le Sud qui résiste à leur offensive. C'est là où commence la fuite en avant d'Abd Rabbo Mansour Hadi qui va servir de prétexte à l'entrée en guerre de la coalition arabo-sunnite[1].

1. Pour un récit complet de ses volte-face et compromissions, Benjamin Barthe, « Hadi, président fantoche d'un Yémen divisé », *Le Monde*, 1er février 2018. Voir également le bilan sans concession dressé par l'AFP, « Pourquoi M. Hadi est-il encore président du Yémen ? », *Le Point*, 11 avril 2018.

Après avoir tour à tour dénoncé un putsch, démissionné de sa fonction et réaffirmé être à la tête de l'État, Hadi se réfugie à Aden, fief des Sudistes, qu'il déclare, le 25 mars, capitale temporaire avant de quitter précipitamment le pays pour rejoindre Oman. Il a entre-temps saisi le Conseil de sécurité des Nations unies afin que ce dernier autorise « les pays désireux d'aider le Yémen à fournir un soutien immédiat à l'autorité légitime par tous les moyens et mesures visant à protéger le Yémen et à dissuader l'agression des Houthis[1] ».

Hadi ne gagne pas Mascate, sa destination présumée. C'est bien dommage car le sultanat d'Oman tranche par sa singularité sur le reste de la région. Seul pays musulman à n'être ni sunnite ni chiite, mais de confession ibadite, Oman professe un islam ouvert et une diplomatie indépendante qu'a illustrés le sultan Qabous au cours de son long règne qui a couru de 1970 à sa mort, le 10 janvier 2020[2]. C'est avec l'appui du Shah d'Iran que Qabous a pu maîtriser, en 1976, l'insurrection communiste dans la région du Dhofar, frontalière avec le Yémen. C'est à Mascate, sous l'égide de Qabous, qu'Israël a mené nombre de ses pourparlers secrets avec le monde arabe. Le sultan esthète, qui aime l'opéra et cache à peine son homosexualité, est un maître de sagesse dans un univers de déraison. Sans doute est-ce pourquoi Abd Rabbo Mansour Hadi va s'abstenir de le consulter.

L'avion à bord duquel fuit le président est opportunément « dérouté » vers l'Arabie saoudite où dès son arrivée, Hadi appelle officiellement les autorités du royaume à

---

1. *Reuters*, « Nations unies », 25 mars 2015.
2. Pour une belle évocation de ce règne peu commun, voir Georges Malbrunot « Qabous, le très original sultan d'Oman », *Le Figaro*, 11 janvier 2020.

l'assister militairement. Dans le même temps, au Caire, son ministre des Affaires étrangères, Riad Yassine, réclame l'intervention armée des États membres de la Ligue arabe. Le 26 mars, la chaîne de télévision publique saoudienne *Al Ekhbariya*, annonce l'arrivée du président yéménite à Riyad et sa rencontre avec le prince Mohammed ben Salmane qui vient d'être nommé ministre de la Défense[1]. Il n'y a pourtant rien d'improvisé dans cet apparent ballet diplomatique aux airs convenus.

Dans la nuit, les bombardements sur Sanaa ont commencé, ravageant le palais présidentiel déserté et l'aéroport tenu par les rebelles. Avec l'aval de Washington, le régime wahhabite a pris la tête d'une coalition de pays arabes et sunnites comprenant l'Égypte, le Soudan, le Maroc ainsi que les membres du Conseil de coopération du Golfe, à l'exception d'Oman qui veille à préserver sa neutralité légendaire. Les forces aériennes saoudiennes sont à la manœuvre. Elles pilonnent le Yémen. Elles ne s'arrêteront plus.

Sur place, cette intervention accélère la décomposition. Deux pouvoirs au moins s'estiment légitimes et se déchirent pour gouverner : d'un côté le président Hadi et son gouvernement en exil, de l'autre les Houthis et leur gouvernement de salut national[2]. Mais les retournements sont nombreux entre les deux camps, voire au sein de chacun d'entre eux. Là encore, je le sais, l'image de confusion qui en va en résulter ne contribuera pas à faire du Yémen une grande cause

---

1. Conçue pour rivaliser avec la qatarie *Al Jazeera, Al Ekhbariya* reste confidentielle comme ses consœurs qui relèvent également du ministère saoudien des Médias, dont *Quran TV* et *Sunna TV*.

2. Franck Mermier, *Yémen écrire, la guerre*, Classiques Garnier, 2018, p. 9.

internationale. Néanmoins, une claire ligne de démarcation me semble persister entre les partisans de la soumission et les combattants pour la liberté.

Alors même qu'il a soutenu les Houthis contre Hadi, l'ancien président Saleh commence à se rallier aux Saoudiens. Sans pitié face à l'énième trahison du despote, les Houthis l'abattent le 4 décembre 2017 et exhibent son cadavre sur une vidéo, selon le rite macabre qui est devenu commun aux révolutions du Moyen-Orient[1]. Sa disparition ne profite pas pour autant au président Hadi qui se trouve contesté y compris dans son fief et par ses gens, bien loin de la zone d'influence houthie. La prise du palais présidentiel d'Aden le 10 août 2019 par le Conseil du Sud, force politique censée lui être acquise mais qui affiche désormais son séparatisme, montrera qu'il ne bénéficie plus d'aucune autorité sur son camp présumé. Le lendemain, l'Arabie saoudite bombardera la ville qui sert pourtant, en théorie, de sanctuaire aux mouvements alliés à la coalition. Cette attaque, qui causera plus de quarante morts et deux cent soixante blessés, dont des miliciens dits loyalistes, prouvera une fois de plus le caractère aveugle de son intervention[2].

La fin justifie les moyens ? Mais laquelle ? Pour expliquer leur entrée en guerre, les Saoudiens avancent deux arguments. D'une part, ils affirment vouloir rétablir le pouvoir qu'ils jugent légitime, celui du président Hadi. D'autre part, ils accusent les Houthis de sécession, les présentent comme des

1. L'usage du lynchage public dans le monde arabe a été analysé par Vincent Hervouët, « Saleh et Kadhafi, deux tyrans aux destins semblables », *Europe 1*, 5 décembre 2017.

2. Delphine Minoui, « Le front anti-Houthis vole en éclats », *Le Figaro*, 12 août 2019.

putschistes au service de l'Iran et les accusent d'incursions sur leur propre territoire afin d'y semer la rébellion. Le raccourci est total : Hadi n'a jamais hérité que d'une situation congénitale d'instabilité et a abusé de son mandat, les Houthis se sont révoltés contre un véritable projet d'oppression, leurs incursions chez leurs voisins n'ont été que rares, tardives, ponctuelles, dérivant d'un conflit latent depuis un siècle et ils ne se font guère d'illusion sur l'Iran dont l'appui intéressé découle d'un affrontement régional qui les dépasse.

La guerre que mène la pétromonarchie aura pour résultat une nouvelle partition du pays. Cette fois, il ne sera pas divisé en deux entités, mais en trois ou quatre qui se déchireront et se combattront à l'intérieur de feu le Yémen uni. L'actuel conflit accomplira ainsi un plus lointain projet. Car le véritable enjeu est là et il n'est autre, pour la maison des Saoud, que la disparition définitive de ce voisin potentiellement puissant de la liste des États souverains. La première condition en est d'écraser à n'importe quel prix le Houthi hérétique, rebelle, ami de l'ennemi absolu qu'est le Perse. Et c'est cette guerre-là, qu'elles le veuillent ou non, que soutiennent les nations occidentales ralliées à la cause wahhabite.

DE LA FUREUR À LA FURIE WAHHABITE

Je ne crois pas que l'on puisse comprendre l'actualité sans se référer au temps long. Avant même sa création formelle en 1932, l'Arabie saoudite, pays fabriqué sur mesure et qui compte aujourd'hui moins d'un siècle d'existence, n'a eu de cesse de vouloir conquérir l'ancien royaume de la Reine de Saba, vieux de trois millénaires. Dès 1926, afin d'étendre ses conquêtes, Abdelaziz ben Abderrahmane Al Saoud, le refondateur de la dynastie, annexe trois provinces yéménites : l'Asir, le Jizan et le Najran. Les années passant, l'emprise sur son riverain dans lequel il voit un rival devient chez lui une obsession. Ainsi que le rappelle le savant historien Laurent Bonnefoy, pour tout testament politique, Ibn Saoud aurait intimé à ses fils, sur son lit d'agonie, en 1953 : « Votre bien et votre mal viendront du Yémen » ou, selon une variante encore plus explicite : « Votre puissance réside dans l'humiliation du Yémen, votre humiliation dans la puissance du Yémen[1]. »

Ses descendants et successeurs se conformeront à son ultime volonté aussitôt qu'ils le pourront. Dans un premier temps, la présence britannique dans le Sud et la monarchie zaydite qui règne sur le Nord freinent leurs ambitions. Mais

1. Laurent Bonnefoy, *Le Yémen de l'Arabie heureuse à la guerre*, Fayard, 2002, p. 102.

dès 1962, j'ai déjà évoqué ce conflit en sous-main typique du monde arabe, l'Arabie saoudite soutient militairement les royalistes pour empêcher la proclamation de la République du Yémen et contrer l'Égypte de Nasser qui, de son côté, apporte son aide au camp républicain. Cette guerre locale participe de la guerre globale à laquelle se livrent les idéologies islamique et socialiste pour s'assurer la domination du monde arabe. Elle va se poursuivre pendant une décennie et inquiéter durablement le pouvoir wahhabite.

En 1970, l'arrivée au pouvoir d'Anouar el-Sadate au Caire et son rapprochement avec Washington autorisent la reconnaissance par Riyad du nouveau régime qui prévaut au Nord. Mieux, les États-Unis incitent l'Arabie saoudite à y asseoir son influence économique et religieuse. En 1979, l'année même où le Nord conservateur et le Sud marxiste connaissent un bref conflit frontalier, les deux alliés historiques soutiennent de concert la création, avec l'appui de la CIA, d'un Front islamique à Sanaa[1].

C'est une nouvelle application du pacte du Quincy contracté par Ibn Saoud et Roosevelt dans la suite de Yalta. Depuis 1945, il lie indissolublement les destinées de la pétromonarchie wahhabite et de la « république impériale » américaine, selon la formule de Raymond Aron. À l'orée des années 1980, leur collaboration pour promouvoir les fondamentalismes musulmans au sein du monde communiste scelle cette union : 1979 est aussi l'année où les Soviétiques entrent en Afghanistan et vont connaître leur première défaite face

1. Sur le financement saoudien du Al-Jabhat Al-Islamiyah, premier d'une longue série de mouvements islamistes, puis djihadistes à porter ce nom, voir Uzi Rabi, *Yemen, Revolution, Civil War and Unification*, I.B. Tauris, 2015, p. 101-102.

aux moudjahidines – mot arabo-persan dont je m'évertue à rappeler qu'il signifie littéralement les « combattants engagés dans la défense de la foi », autrement dit le djihad.

Bienveillante en apparence, l'Arabie saoudite continue néanmoins, au cours des deux décennies suivantes, à œuvrer en sous-main à la déstabilisation du Yémen afin d'affaiblir les institutions naissantes et de barrer la route à tout espoir de développement démocratique. L'installation d'une république constitutionnelle et élective dans la proximité de son système monarchique absolu et de droit divin représente pour Riyad une menace. Au vu de ce mauvais exemple, les Saoudiennes et les Saoudiens pourraient bien un jour réclamer plus de liberté ! Pour parer ce risque, le royaume finance chez son voisin des mosquées, écoles et associations afin de propager sa vision fondamentaliste et rétrograde de l'islam.

Mais cette pression prosélyte a pour contre-effet de provoquer un réveil identitaire. L'une des raisons de la renaissance du zaydisme, qui bat alors son plein, provient de l'intolérance et de la violence distillées par les mouvements sunnites intégristes que l'Arabie saoudite suscite et subventionne au Yémen comme elle le fait sans compter à travers le monde[1]. Mais, à la manière dont certaines infections affolent le système immunitaire, ce prosélytisme ne va pas sans provoquer un excès d'anticorps. L'agression de l'ultra-sunnisme saoudien déporte les zaydites vers le chiisme révolutionnaire iranien. Elle les incline à durcir leur confessionnalisme : le mouvement que créera Hussein Al-Houthi s'intitulera *Ansar Allah*, les « partisans de Dieu », et empruntera sa rhétorique à

1. Pierre Conesa, *Docteur Saoud et Mister Djihad : la diplomatie religieuse de l'Arabie saoudite*, préface d'Hubert Védrine, Robert Laffont, 2016,

l'islamisme. D'abord revivaliste, il deviendra politique, puis armé[1]. Faire porter aux seuls Houthis l'entière responsabilité de leur jusqu'au-boutisme me semble donc non seulement faux, mais encore biaisé.

La réunification du Yémen en 1990, au moment où les pays du Golfe vacillent sous l'invasion du Koweït par l'Irak, fait plus qu'inquiéter les Saoudiens. D'autant plus que Saleh se range momentanément au côté de Saddam. Ils sanctionnent leur voisin en expulsant les 800 000 Yéménites travaillant sur leur territoire et aggravent ainsi la misère déjà exponentielle de l'autre côté de la frontière[2]. Mais ce n'est que le début d'une longue entreprise d'asphyxie.

Les Saoudiens vont ébranler le Yémen en appuyant les revendications des anciens dirigeants communistes du Sud qui comme ailleurs, privés du grand frère soviétique après la disparition de l'URSS, ont trouvé une idéologie de substitution dans le salafisme. Ils vont le saborder par tous les biais, diplomatiques, financiers, confessionnels, et nourrir ainsi les prodromes de la guerre civile qu'ils prétendront ultérieurement éteindre, en s'en servant de prétexte à leur entrée effective en guerre. Dans la suite des indépendances, le royaume wahhabite n'aura vu le Yémen que comme un vassal à étouffer puis à détruire. Mais il en aura fait, surtout, un laboratoire de sa conquête religieuse de l'*Oumma*.

---

1. Asher Orkaby, « Yemen: A civil war centuries in the making », *Origins*, mai 2019. Ce chercheur à Harvard est aussi l'auteur de *Beyond the arab Cold War: the international history of the Yemen civil war, 1962-68*, Oxford University Press, 2017.

2. Dépendante d'une forte main-d'œuvre immigrée, l'Arabie saoudite va considérer, à partir de ce moment, les expulsions massives de résidents étrangers comme une arme de choix dans les relations internationales. Olivier Da Lage, *Géopolitique de l'Arabie saoudite*, Complexe, 1996, p. 14-15.

La guerre menée sous l'étendard wahhabite depuis 2015 n'est pas que militaire. Elle est aussi culturelle. La dynastie des Saoud ne fait preuve ni de délicatesse, ni de mansuétude et encore moins de tolérance à l'égard des sites historiques et de leur protection en cas de conflit armé. Elle transgresse une après l'autre les dispositions édictées par la Convention de la Haye que le royaume a pourtant signée en 1954 et ratifiée en 1971. Les forces aériennes ne cessent de lâcher des bombes qui ont pour effet, outre le massacre des populations civiles, de gommer une à une les attestations du patrimoine yéménite. Sur les 19 278 frappes recensées entre le 26 mars 2015 et le 28 février 2019, tous n'ont pas visé, loin de là, des objectifs militaires et beaucoup ont ciblé des monuments historiques[1].

L'histoire elle-même est à ranger parmi les victimes du conflit[2]. Elle doit être rayée du territoire, de la carte et du souvenir. Dès les premiers jours du conflit, les vestiges du passé sont soumis au ravage programmé d'un armement futuriste. Quand je tâche d'en dresser le bilan, je me retrouve, telle une pleureuse d'antan, à égrener une litanie funèbre.

Début avril, la ville antique de Baraqish, qui abrite la forteresse médiévale d'al-Qahira, est rasée. Dans la foulée, en mai, ce sont le musée de Dhamar recélant des milliers d'objets façonnés il y a quatre à cinq mille ans, la mosquée Hadi de Saada, le plus ancien sanctuaire chiite de la région, le fort ottoman dominant Taiz, les dépôts à café rococos de Zabid qui subissent des attaques aériennes destructrices. Le

1. Benoît Collombat, « Yémen : la stratégie de la faim », *France Inter*, 15 avril 2019. Là encore, cette estimation résulte des analyses de l'ONG Disclose et de la cellule d'investigation de Radio France.

2. Noah Browning et Mohammed Ghobari, « History a casualty in Yemen's war as bombs smash ancient sites », *Reuters*, 13 mai 2015.

31 mai, le barrage de Marib édifié au VIIIe siècle avant notre ère, mentionné dans le Coran, planté au cœur d'une zone inhabitée et dépourvu de valeur stratégique, est à son tour bombardé par la coalition. Pour faire bonne mesure, il le sera à nouveau le 21 juillet de la même année.

Depuis, cette ordalie n'a pas cessé. Entre 2015 et 2018, ce ne sont pas moins de huit avertissements solennels que lancera l'Unesco, mais en vain[1]. Pour moi, le paradoxe est cruel car il participe d'une folie autodestructrice : des Arabes anéantissent le pays qu'ils considèrent comme la matrice de l'arabité et liquident, au nom de l'islam, l'un des plus précieux héritages de la civilisation islamique.

Mais, l'émotion et la sidération passées, il faut savoir également tirer la leçon politique d'une telle entreprise d'anéantissement. Comme le souligne Lamya Khalidi, chercheuse au CNRS dont la science archéologique n'a d'égale que la connaissance intime du pays, elle « ne peut être qu'intentionnelle[2] ». Cette volonté de destruction ne se réduit pas à la démolition physique des sites anciens, elle contribue à progressivement effacer une mémoire collective, ferment d'une identité commune. Une fois la dernière richesse du Yémen, cette beauté héritée d'une chronique multimillénaire, transformée en un tas de gravats, les Yéménites non seulement n'auront plus rien, mais aussi ne seront plus rien.

---

1. Mathieu Vidard, « Ces trésors archéologiques qui partent en poussière », *France Inter*, 19 avril 2018.

2. Propos recueilli par Fanny Arlandis dans « Pourquoi la destruction du patrimoine yéménite passe inaperçue ? », *Slate*, 2 octobre 2015. Pour une démonstration, pièces en mains : Lamya Khalidi, « The destruction of Yemen and its cultural heritage », *The Journal of Middle Eastern Studies*, novembre 2017, p. 735-738.

Là est la vraie cible des Saoudiens. Leur attitude ne peut manquer de me faire penser aux Talibans qui, en 2001, en Afghanistan, ont dynamité les statues colossales de Bâmiyân, ces Bouddhas géants que même le terrible et cruel Gengis Khan avait épargnés. Ou aux soldats de l'État islamique qui ont incendié la bibliothèque de Mossoul, en Irak, le 22 février 2015, brûlant au passage plus de 8 000 manuscrits et livres rares, et qui ont saccagé la cité antique de Palmyre, en Syrie, pendant toute l'année où ils l'ont occupée, du printemps 2015 au printemps 2016. C'est en effet une constante des islamismes de toutes sortes que de vouloir éradiquer l'humanité historique, à commencer par son expression musulmane. Il n'y va en aucun cas d'un vandalisme irrationnel, mais d'une logique politico-religieuse[1].

Cependant, à mes yeux, dans le cas yéménite, la tragédie se double d'un scandale. Quand les miliciens de Daech à Alep ou d'Ansar Dine à Tombouctou détruisent le patrimoine mondial au Levant ou en Afrique, la communauté internationale dénonce, s'indigne et exige. Quand il s'agit des puissances du Golfe au Yémen, elle demeure silencieuse, passive, voire complice. Contrairement aux Talibans ou aux djihadistes, les Saoudiens et les Émiratis sont soutenus par le camp occidental au nom d'intérêts vitaux présumés communs. Ils ont pour noms le trafic maritime et le négoce militaire : sécuriser la circulation des tankers pétroliers et fiabiliser la livraison des armements lourds correspondent au même objectif. Et comme on le sait, le commerce se moque de la morale.

Comment les Occidentaux pourraient-ils ne pas complaire aux tristes lubies de si bons prestataires qui fixent le prix du

1. Olivier Moos, « Une réflexion sur les violences et destructions culturelles de l'État islamique », *Religioscope*, n° 35, décembre 2015.

baril de l'or noir et de si bons clients qui payent à prix d'or les missiles dernier cri ? C'est sans difficulté qu'en 2015 les États-Unis, le Royaume-Uni et la France ont transporté leurs ambassades au Yémen en Arabie saoudite. Leur savoir-faire diplomatique n'a eu d'égal que leur faire-savoir géopolitique : la coalition a ainsi su qu'elle avait carte blanche.

Silence, on tue et on détruit : l'interdiction des journalistes a suivi la fermeture des consulats. Bien sûr, bien que l'heure soit au tout-information mondialisé, les plus démunis sont aussi les plus oubliés. Les sociétés complexes, méconnues, lointaines, aux cultures singulières, aux économies faillies et aux situations politiques gangrenées par des luttes intestines ne font pas recette. Les guerres qui n'ont ni bons ni méchants assignés et qui n'en finissent pas de durer n'intéressent guère. Mais la chape d'indifférence sous laquelle croule le Yémen ne tient pas seulement aux circonstances du Yémen. Elle est délibérément entretenue par les forces occupantes.

Le blocus que la coalition arabo-sunnite exerce lui permet de continuer sa guerre à l'abri des caméras en empêchant les journalistes étrangers d'effectuer leur métier et leur mission. Ceux qui y réussissent, tel Georges Malbrunot qui s'est rendu à Aden au printemps 2018, le font au péril de leur vie[1]. Privées de reportages et de témoignages, les rédactions sont réduites à traiter les faits saillants et les cas extrêmes, les bavures militaires d'une gravité exceptionnelle ou les pics d'épidémie de choléra. Elles s'attachent d'autant plus à la parole que peuvent rapporter de leurs incursions sur place les quelques émissaires des institutions internationales qui

1. « Éric Valmir reçoit Georges Malbrunot : "Au Yémen, une guerre oubliée faute de reporters" », *France Inter*, 10 juin 2018.

ont pu forcer le verrou. Mais encore faut-il que ces hauts fonctionnaires, à leur retour, aient le courage de dire la vérité.

C'est le cas de Mark Lowcock, le sous-secrétaire de l'ONU pour les affaires humanitaires. Le 24 août 2018, il dévoile le carnage que la coalition a commis la veille, le 23 : ce jour-là, vingt-six enfants qui tentent de fuir une zone de combats sur la côte de la mer Rouge sont rattrapés et emportés par les frappes aériennes, à l'instar des quarante compagnons de leur âge, pareillement morts à bord d'un bus scolaire deux semaines plus tôt dans la région de Saada[1].

Autrement, les reporters qui souhaitent couvrir le conflit doivent se munir d'un visa délivré par Riyad qui sert aussi de *tour-operator* aux délégations de pays amis en leur organisant des visites officielles aux parcours taillés sur mesure[2]. Comble de malheur pour la grande Yéménite de naissance et de cœur qu'elle est, Khadija al-Salami a ainsi eu à quémander l'accord d'un État étranger pour entrer dans son propre pays. Malgré cette entrave, elle a pu réaliser un bouleversant documentaire sur les enfants de la guerre[3]. Un film sans concession qui révèle au public occidental le terrible quotidien, habituellement hors champ, des petits yéménites, orphelins, maltraités, affamés, errants dans les rues, enrôlés par les milices. Des enfants qui, si un jour et par miracle la paix revenait, auraient le plus grand mal à se reconstruire dans un pays totalement détruit.

---

1. « Yémen : 26 enfants tués par des frappes de la coalition », *AFP*, 24 août 2018.

2. Mélanie Delattre, « Le discret voyage de six parlementaires français au Yémen », *Le Point*, 30 mai 2018.

3. Khadija al-Salami, « Yémen, les enfants et la guerre », *Envoyé spécial*, France 2, 8 février 2018. Ce film est d'autant plus remarquable que, Khadija ayant confié sa caméra à Ahmed 11 ans, Rima 8 ans, Youssef 9 ans, c'est à travers leurs regards que nous découvrons leur terrible quotidien.

Ainsi va le Yémen occupé, où les cadavres s'empilent sur les ruines et où les ruines recouvrent les cadavres. De temps à autre, un photographe, un journaliste réussit à briser le mur du silence. En 2018, Véronique de Viguerie, pour les images, et Manon Quérouil-Bruneel, pour les commentaires, intitulent le reportage qu'elles ont vaillamment ramené de leur dangereux périple et qu'elles publient simultanément dans *Time magazine* et *Paris Match* : « La guerre qu'on nous cache[1] ». En 2019, dans *L'Express* où il rapporte les témoignages directs de cinq humanitaires locaux, Vincent Hugeux choisit de titrer son récit : « Une guerre sans témoins[2] ». Quant à Georges Malbrunot dans *Le Figaro* et Benjamin Barthe dans *Le Monde*, qui couvrent tous deux ce conflit depuis ses débuts, ils emploient incessamment la formule de « guerre oubliée » et rappellent pareillement que les enfants, les femmes, les vieillards en sont les premières victimes[3].

On ne saurait malheureusement trouver une meilleure façon de dire ce désastre : la descente aux enfers de tout un peuple passe inaperçue aux yeux de l'opinion internationale pourtant si prompte à se mobiliser pour les causes humanitaires. Si les millions de Yéménites qui fuient les combats venaient en Europe, sans doute nous intéresserions-nous davantage à ce drame. Mais voilà, les Yéménites meurent chez eux !

---

1. Véronique de Viguerie et Manon Quérouil-Bruneel, « The Hidden War » *Time Magazine* et « Yémen, une tragédie humanitaire », *Paris Match*, 10 septembre 2018. Véronique sera la première photojournaliste à recevoir le prix Visa d'or Paris Match.

2. Vincent Hugeux, « Une guerre sans témoins », *L'Express*, 30 septembre 2019.

3. Benjamin Barthe, « Au Yémen, "c'est une guerre contre les civils" », *Le Monde* 14 juin 2015 et, trois ans plus tard, la situation étant inchangée, Georges Malbrunot, « Les victimes oubliées de la guerre du Yémen », *Le Figaro*, 29 novembre 2018.

DANS LE SECRET DES SAOUD

Qui est l'homme qui a déclenché la guerre du Yémen et qui, depuis, n'a pas su l'arrêter ? Ce n'est malheureusement pas le massacre des innocents auquel se livrent les forces de la coalition qui l'a désigné à l'opinion. C'est un autre méfait. L'assassinat de Jamal Khashoggi a marqué un tournant dans l'ascension en apparence jusque-là irrésistible de Mohammed ben Salmane. L'impact de l'affaire a été planétaire. Elle a dévoilé combien était opaque le système du pouvoir au sein de la pétromonarchie saoudienne et extrême l'inclination à la violence de son prince héritier. Elle a contredit l'image de réformateur, apte à moderniser le sanctuaire du wahhabisme, par laquelle cet inconnu voulait se faire connaître du grand public. Elle a démenti la coûteuse construction médiatique grâce à laquelle le jeune prétendant à la couronne entendait capter les pleins pouvoirs.

Très vite après le 2 octobre 2018, les experts en géopolitique estiment que la tuerie d'Istanbul est appelée à endommager la réputation de l'Arabie saoudite comme jamais depuis les attentats de 2001 contre les Twin Towers et les révélations sur les troubles relations entre le royaume et Oussama ben Laden[1]. À Riyad, sous la pression internationale, des lampistes

1. David Rigoulet-Roze, propos recueillis par Charles de Saint Sauveur, « La mort de Khashoggi risque d'affecter l'image de l'Arabie saoudite, comme le 11 septembre », *Le Parisien*, 21 octobre 2018.

sont arrêtés, traduits en justice et condamnés à mort au gré des versions officielles qui ne cessent de varier mais qui ont toutes pour but d'exonérer Mohammed ben Salmane[1]. L'indignation de l'opinion mondiale ne tarit pas pour autant. La question de l'implication du prince héritier reste entière.

Un an après le carnage, le 29 septembre 2019, lors de sa visite officielle aux États-Unis, il consent enfin à s'en expliquer dans un entretien télévisé sur *CBS* : après avoir qualifié le crime d'« odieux », mais démenti en avoir été le commanditaire, le dauphin déclare néanmoins en assumer « toute la responsabilité, en tant que dirigeant de l'Arabie saoudite, en particulier parce qu'il a été commis par des individus travaillant pour le gouvernement saoudien », avant de promettre que « toutes les mesures seront prises pour éviter une telle erreur à l'avenir »[2].

Une « erreur » ? Je pourrais repasser à l'infini, sur *Youtube*, cette réponse alambiquée à la claire question de la fameuse intervieweuse Norah O'Donnell : « Avez-vous ordonné ce meurtre ? » Loin de constituer une confession, cet exercice de communication relève de la réparation d'image. Il n'a pas de portée morale, mais une finalité politique. C'est qu'entre-temps à Washington, l'*establishment* a commencé à rendre l'acronyme de Mohammed ben Salmane, MBS, par *Mister Bone Saw*, « Monsieur Scie à os », l'implacable anti-héros de la saga cinématographique *Spiderman*[3]. À Londres, les tabloïds ont immédiatement emboîté le pas, le

1. Hala Kodmani, « Affaire Khashoggi : à Riyad, la justice épargne l'entourage du prince », *Libération*, 23 décembre 2019.

2. Norah O'Donnell, « 60 minutes », *CBS*, 29 septembre 2019.

3. Jim Rutenberg, « Reality breaks up a Saudi Prince's charming's narrative », *The New York Times*, 12 octobre 2018.

portraiturant en vengeur assoiffé de sang[1]. À Alger et à Paris, le caricaturiste Dilem le croque rituellement affublé d'une scie dégoulinante d'hémoglobine[2]. Le réformateur présumé de l'Arabie saoudite apparaît comme son premier torpilleur. Pourtant, sa course au pouvoir suprême ne connaît pas d'arrêt[3]. Par un coup de baguette télévisuelle, sa réhabilitation apparaît actée à l'intérieur comme à l'extérieur du pays.

Qui est vraiment Mohammed ben Salmane dont les ambitions, s'il avait été un autre, se conjugueraient désormais au passé ? L'exception dont il profite est celle du pays dont il se déclare le « *leader* », cette Arabie saoudite dont Norah O'Donnell ne manque pas de souligner qu'elle est la gardienne des lieux saints de l'islam, la détentrice d'immenses réserves de pétrole et l'alliée privilégiée des États-Unis d'Amérique.

Mais cette exception bénéficie aussi d'un système de pouvoir familial et féodal qui demeure opaque aux regards non avertis. Il est malaisé de pénétrer les arcanes du royaume wahhabite, de décrypter les liens d'intérêt, les luttes d'influence et les intrigues de palais qui font le quotidien de la dynastie des Saoud. Parmi les quinze mille héritiers et héritières qui la composent, quatre mille princes de sang royal sont considérés aptes à pouvoir un jour régner[4]. Voulant comprendre un tant soit peu leur univers intime, j'ai eu parfois l'impression de me perdre dans ce dédale de

1. Miranda Hardesley, « Hundreds of demonstrators hold up bone saws and signs », *The Daily Mail*, 27 novembre 2018.

2. Ali Dilem publie ses dessins dans le quotidien algérien d'information *Liberté* et dans l'hebdomadaire satirique français *Charlie Hebdo*.

3. Armin Arefi, « Affaire Khashoggi : un an après, MBS droit dans ses bottes », *Le Point*, 2 septembre 2019.

4. James Wyndbrandt, *A brief history of Saudi Arabia*, Checkmarks Books, 2010, p. 107.

patronymes qu'engendre l'empilement des filiations au gré des unions polygames. Dans le berceau du Coran, le principe monarchique dissimule une oligarchie tribale.

Enfin, cette exception tient à la biographie même de MBS, difficile à percer puisque l'on en connaît surtout l'hagiographie dont l'ont savamment recouverte les meilleures agences de communication opérant des deux côtés de l'Atlantique et que le prince a recrutées pour qu'elles servent la fabrication de sa légende. Ce qui oblige à tâcher de discerner, derrière l'image, la réalité.

Malgré son jeune âge et son allure moderne, Mohammed ben Salmane présente les traits typiques d'un potentat arabe à la manière traditionnelle du Golfe. Petit-fils d'Ibn Saoud, le fondateur du royaume, il naît en 1985 sous le règne de son oncle, le roi Fahd. Son père, Salmane, qui occupe alors l'éminente fonction de gouverneur de Riyad, a treize enfants issus de diverses unions. Sa mère, Fahda bint Falah ben Sultan Al-Hithalayn est la troisième épouse de Salmane et surtout sa favorite : elle lui a donné, privilège insigne dans la mentalité saoudienne, six garçons dont Mohammed. Aîné de cette fratrie, le futur MBS apparaît vite comme le fils préféré de son père, lequel le prépare dès son enfance au plus grand devenir.

Un élu et un prédestiné, choisi et désigné à la naissance : le mythe est posé. Le récit officiel veut également que, dès l'âge de 12 ans, ayant atteint l'âge de puberté qui le classe selon la Charia parmi les hommes adultes, Mohammed soit présent aux réunions que préside Salmane et qu'il y participe. Dans le saisissant portrait qu'il a réalisé à son sujet, Antoine Vitkine inclut des images d'archives inédites qui montrent en effet l'adolescent accompagnant son père lors d'une visite officielle au Royaume-Uni[1]. Je me demande ce qu'il a bien pu en retirer à l'âge où ses camarades se partagent encore entre l'école et les jeux. Sinon une fascination pour le faste et la puissance – ce que la suite va montrer.

Contrairement à ses frères qui sont envoyés dans de prestigieuses institutions britanniques ou américaines et qui reviennent d'Oxford ou d'Harvard avec une meilleure appréhension des enjeux contemporains, Mohammed reste à Riyad pour étudier à l'université du Roi-Saoud. Il y obtient pour diplôme une évanescente licence d'administration publique. De quoi rougir devant son cousin, Salmane ben Abdelaziz, donné en exemple pour sa maîtrise des langues étrangères, loué pour son doctorat de droit obtenu haut la main à la Sorbonne et si brillant que MBS l'enverra, dès qu'il pourra, au cachot[2]. Des ONG viennent de saisir les Nations unies pour exiger sa libération.

La véritable éducation du prince est ailleurs. Elle consiste sans doute en une longue initiation aux secrets de famille des Saoud, à leurs histoires d'alcôve, à leurs jalousies de cousinage et aux disputes internes sur leur fortune, objet de diverses captations par les uns ou par les autres : cumulée, elle s'élèverait en effet à mille quatre cents milliards de dollars et les placerait ainsi au premier rang des familles royales[3]. En bref, de quoi stimuler l'imagination d'un scénariste de série télévisée à qui l'on aurait commandé un *Dallas* proche-oriental.

1. Antoine Vitkine, *MBS, prince d'Arabie*, produit et diffusé par France 5 le 11 février 2020.

2. Armin Arefi, « Arabie saoudite : le prince Salmane, trop brillant pour MBS », *Le Point*, 14 mars 2020.

3. Selon le site officiel House of Saud.com.

En fait, ce serait plutôt *House of Cards* qui se joue avec, en tête du *casting*, le tandem parti à la conquête des pleins pouvoirs que forment Salmane et Mohammed. Le père va être le pédagogue du fils et le fils, le disciple du père. Le père va gravir un à un les échelons qui mènent au trône et le fils, qui l'accompagne, va répéter le père dans chacune des étapes de sa propre accession à la couronne. À son tour, l'élève deviendra le maître. Une fois que Salmane sera roi et qu'il décrétera Mohammed dauphin, la passation du pouvoir se résumera à une transmission de la charge.

Or, l'affaire n'est pas si simple que ça. Elle déroge à la coutume en vigueur chez les Saoud et vient heurter de plein fouet la constitution tribale de la dynastie, son arbre généalogique complexe et son absence de règle de succession claire. Au cours du XXe siècle, les détenteurs du trône auront tous été choisis parmi les cinquante-trois fils qu'Abdelaziz ben Abderrahmane Al Saoud, dit Ibn Saoud, le fondateur, a eus de ses trente-deux épouses. Mais sans ordre au sein de la filiation. C'est dans les coulisses de cette parentèle touffue que se déroulent les tractations et se trament les complots qui décident quel descendant doit accéder au trône.

Une procédure que contestent les sept frères utérins qui forment le puissant clan des Soudayri, tous nés de Hassa bint Ahmed al-Soudayri, la favorite d'Ibn Saoud. Princes héritiers pour les uns, ministres régaliens pour les autres, ils pensent que la couronne leur revient de droit et, au besoin, par la force[1]. Après la mort de Fahd, l'aîné de la fratrie, et l'intermission que leur a imposée Abdallah, issu d'un autre lit et du clan adverse des Chammar, il échoit à Salmane, le cadet, d'imposer leur loi.

---

1. Joseph Kechichian, *Succession in Saudi Arabia*, MacMillan, 2001.

Après avoir été plus de cinquante ans gouverneur de Riyad, Salmane est nommé ministre de la Défense le 5 novembre 2011, reconnu prince héritier le 18 juin 2012 et consacré roi le 23 janvier 2015 à la suite du décès de son demi-frère. Immédiatement, il purge les cercles du pouvoir et y place des membres du clan ou leurs obligés[1]. Quant à son fils préféré, qui a seulement 29 ans, il lui confie le ministère de la Défense, la direction du *diwan*, le cabinet royal, ainsi que la présidence du Comité pour les affaires économiques et il le désigne, contre toute attente, comme vice-prince héritier après son neveu, Mohammed ben Nayef Al Saoud, qu'il a pareillement imposé[2]. À tout le moins, pour le moment.

Les Soudayri dominent enfin le royaume. Ils ont éclipsé les autres lignées. Mais, cette fois, Salmane vient briser le consensus oligarchique. Il entend instaurer le strict principe de succession monarchique, de père en fils. Ce à quoi il prépare le royaume en accélérant l'ascension de son rejeton. D'un coup, Salmane accorde à Mohammed l'ensemble des postes clés que lui-même a mis des décennies à conquérir. Le roi a fait coup double. À moins que ce ne soit son conseiller spécial en titre, sa « canne » murmure-t-on à Riyad, le jeune fils ambitieux qui n'ait soufflé ce plan au vieux père, déjà fatigué et malade. Une chose est sûre, et les chefs religieux, les responsables civils, les hommes d'affaires ne s'y trompent

---

1. Georges Mabrunot, « Arabie : le roi Salmane évince les proches d'Abdallah », *Le Figaro*, 1er février 2015.

2. Un an plus tard, le 4 mars 2016, le prince Nayef sera décoré de la Légion d'honneur par le président François Hollande « pour ses efforts dans la lutte contre le terrorisme et l'extrémisme », distinction qui suscitera en France une vague d'indignation. Voir Benjamin Barthe, « Une légion d'honneur en cachette pour le prince héritier saoudien », *Le Monde*, 8 mars 2016.

pas : rien ne peut plus se faire en Arabie saoudite sans l'aval de celui que l'on surnomme désormais MBS.

Deux années plus tard, en 2017, le prodige gravit l'avant-dernière marche vers le pouvoir suprême : nouveau coup de théâtre, le roi Salmane promulgue le 20 juin un décret qui nomme son fils prince héritier. Évincé de la succession, le prince Mohammed ben Nayef est par ailleurs démis du poste de vice-Premier ministre qui revient pareillement à MBS. Quant au ministère de l'Intérieur, il échoit au fringant trentenaire Abdelaziz ben Saoud Al Saoud, le proche cousin et le camarade d'étude du nouveau dauphin qui était jusque-là son chef de cabinet à la Défense : lui aussi est « le plus jeune prince jamais nommé à un tel poste » clame la presse officielle, chargée d'applaudir le vent de renouveau censé souffler sur le royaume[1].

Il s'agit d'un véritable putsch de palais qui, dans son exécution, n'a rien eu d'une manœuvre d'opérette malgré la vidéo officielle qui montre un MBS embrassant avec déférence la main du sortant Mohammed ben Nayef : au moment même de cette cérémonie des adieux, qui a tout d'un baiser mafieux à la mode sicilienne, les prétoriens du nouveau prince héritier remplacent les soldats de la Garde dans tous les centres de pouvoir[2]. Le saut de génération représente un véritable séisme pour la cohorte des prétendants vieillissants[3]. Conservant par ailleurs ses autres fonctions et missions, Mohammed ben

---

1. « Saudi Arabia names new interior minister », *Arab News*, 21 juin 2017.

2. Martin Chulov, « Deposed Saudi crown prince confined to palace », *The Guardian*, 29 juin 2017.

3. Ben Hubbard, Mark Mazzetti, Éric Schmitt, « Saudi King's son plotted effort to oust his rival », *New York Times*, 19 juillet 2017.

Salmane cumule désormais, à seulement 31 ans, le pouvoir politique, le pouvoir économique, le pouvoir militaire et peut considérer le système policier acquis à sa cause[1].

C'est le portrait d'un jeune homme pressé d'arriver au sommet qui se dessine. Mais dans quel but ? L'hagiographie dépeint un enfant sacrifié dès son plus âge à son destin royal et qui s'en débrouille en montrant une grande ouverture à son temps. De microrécits, à la manière des images d'Épinal, tendent à décrire un garçon de sa génération, empreint de cosmopolitisme et fasciné par l'Amérique. On apprend ainsi que MBS perfectionne son anglais en passant ses nuits sur sa console, le préféré de ses jeux vidéos guerriers étant le bien nommé *Call of duty*, « L'appel du devoir »[2]. Ou encore que, si Alain Ducasse a dépêché à Riyad une quinzaine de chefs capables de lui préparer à toute heure ses *musts* libanais, français, chinois, thaï, tex-mex, il se régale en toute simplicité d'un hamburger et d'un coca-cola servis dans l'une ou l'autre des répliques des restaurants Mac Do qu'il a fait installer dans ses palais[3]. Ou, enfin que, pour fêter son trentième anniversaire, il a passé une quinzaine de jours aux Maldives en compagnie de Jennifer Lopez et de Shakira[4]. Bref, il faut bien que jeunesse se passe !

Dans son essai hagiographique, Christine Ockrent suggère que ce serait le goût du pouvoir, et non pas le désir de

---

1. Georges Malbrunot, « L'ascension fulgurante de Mohammed ben Salmane, nouveau prince héritier d'Arabie saoudite », *Le Figaro*, 21 juin 2017.

2. Dexter Filkins, « A Saudi Prince's quest to remake the Middle East », *The New Yorker*, 2 avril 2018.

3. Christine Ockrent, « Mohammed ben Salman : "Le prince mystère de l'Arabie" », *Paris Match*, 28 octobre 2018.

4. Isabelle Choquet, « Il fallait l'inviter », *RTL*, le 16 septembre 2018.

l'argent, qui animerait le prince[1]. Peut-être, mais le luxe dont il aime s'entourer ne me semble pas découler simplement des obligations de son rang. Les deux passions ressortent chez lui indissociables. Comme je l'ai déjà dit, bien que *relooké* par les pubards, MBS présente nombre des traits classiques du potentat arabe.

En Arabie saoudite, l'industrie du pétrole ou le commerce de l'armement se comptent par milliards de dollars et permettent à qui s'en empare de se constituer une colossale fortune personnelle. Depuis 2015, l'année de son entrée en guerre au Yémen, Mohammed ben Salmane est ainsi devenu l'heureux propriétaire du fameux yacht le Serene pour un montant de 500 millions d'euros, du château « Louis XIV » à Louveciennes, clone high-tech de Vaux-le-Vicomte, pour la somme de 275 millions d'euros ainsi que du tableau Salvator Mundi de Léonard de Vinci pour plus de 450 millions d'euros[2]. L'œuvre magistrale, arrachée aux enchères chez Christie's, à New York, a rejoint, grave sujet de dispute entre les magazines *people*, soit le yacht soit le château. À croire, donc, que les péchés de jeunesse survivent aisément à l'exercice du pouvoir.

La même ambivalence s'applique à la personnalité de MBS. Celui auquel ses admirateurs reconnaissent énergie et charisme n'est pas moins celui auquel ses détracteurs

1. Christine Ockrent, *Le prince mystère de l'Arabie, Mohammed ben Salman, les mirages d'un pouvoir absolu*, Robert Laffont, 2019, p. 41.

2. Guillaume Ferrand, « Le prince héritier saoudien, propriétaire du château le plus cher au monde », *Le Figaro*, 19 décembre 2017. Voir également Oumeïma Nechi, « Dix choses à savoir sur le Mohamed ben Salmane, le prince saoudien en visite en France », *Jeune Afrique*, 9 avril 2018.

attribuent impulsivité et brutalité. Ce qui, sans me laisser aller à la psychologie de comptoir, n'est pas contradictoire. Selon Bruce Riedel, ancien officier de la CIA, aujourd'hui à la tête du Brookings Intelligence Project à Washington, dès les premières années de sa vie publique, le jeune prince a la réputation de se montrer arrogant et agressif[1]. Une anecdote circule à Riyad qui semble droit sortie d'une autre référence à la culture populaire américaine, le *Parrain* de Francis Ford Coppola : tout juste âgé d'une vingtaine années et désireux de se lancer dans les affaires, MBS se rend à Riyad dans les bureaux du cadastre en vue de faire certifier un achat de terrain mais, constatant que le contrat contient une clause juridique irrégulière, le notaire refuse de le valider jusqu'à ce que son visiteur dépose une balle de revolver sur son bureau. « Tu signes ou tu te la prends » lui intime-t-il. Le haut fonctionnaire obtempère avant d'aller se plaindre au roi Abdallah qui, en geste d'apaisement, aurait banni momentanément le jeune prince de la Cour[2].

Que veut vraiment ce jeune homme si pressé qu'il en paraît agité ? Une armada de communicants, largement rétribués, a été recrutée pour convaincre le monde de sa volonté de réforme. Ce qui est vrai en France comme ailleurs. Jacques Attali, l'ancien conseiller spécial de François Mitterrand, loue ainsi les qualités du prince saoudien dont il est devenu le consultant : « Une énergie considérable, une curiosité, une gentillesse exceptionnelle, une modernité, une impatience de voir son pays évoluer. Un grand sens de l'intérêt général et

1. Katrina Manson et David Bond, « Khashoggi case underlines fears over Saudi's 'reckless crown prince » *Financial Times*, 25 octobre 2018.
2. Simon Henderson, « Saudi Arabia Hits the Brakes on Reforms », *The Atlantic*, 12 mai 2018.

de la géopolitique[1]. » C'était avant le dépeçage d'Istanbul. Et après coup ? Au nom d'Havas qui est en affaire avec Riyad, Stéphane Fouks déclare à *Challenges* : « L'affaire Khashoggi ne remet pas en cause notre contrat avec l'Arabie saoudite. La politique de la chaise vide n'a jamais été la nôtre. Nous préférons être du côté des réformateurs et faire des choses utiles ». De son côté, Publicis, dont la filiale américaine Qorvis aurait facturé au même client pour 800 000 euros de relations publiques entre 2016 et 2017, professe la même indulgence[2].

Ce recours aux professionnels de la com' ne serait cependant que le sommet de l'iceberg car, selon le chercheur Pierre Conesa, le vaste réseau sophistiqué de *lobbying* que l'Arabie saoudite a tissé en France inclurait une foultitude de décideurs, d'universitaires, de journalistes ainsi que d'élus[3]. À leur décharge, les uns et les autres auront beau jeu d'arguer qu'ils ne font que suivre la politique d'amitié et de soutien dont Paris fait montre à l'égard du nouveau maître de Riyad.

Tout à sa volonté de puissance, Mohammed ben Salmane a compris combien il était important de donner une nouvelle image de son pays. Mise au pas des oulémas, limitation du pouvoir d'intervention de la police religieuse, ouverture de cinémas et de discothèques, autorisation de conduire pour les femmes, allégement de l'obligation du port de l'*abaya*, première semaine de la mode féminine à Riyad, restauration du patrimoine pré-islamique à Al-Ula, développement

1. Christine Ockrent, *Le prince mystère de l'Arabie, Mohammed ben Salman, les mirages d'un pouvoir absolu*, Robert Laffont, 2019, p. 44.
2. Antoine Izambard, « Ces communicants que l'Arabie saoudite paie à prix d'or », *Challenges*, 7 novembre 2018.
3. Pierre Conesa, *Le lobby saoudien*, ouvrage à paraître chez Denoël à l'automne 2020.

écolo-touristique de Charma sur la mer Rouge et projet futuriste de la cité numérique de Neom : les chefs de gouvernements et les patrons de multinationales sont invités à applaudir l'adaptation de l'Arabie saoudite au monde global lors des « Davos des sables ». Annoncé par Mohammed ben Salmane en 2016, le plan « Vision 2030 » a tout pour les séduire en raison des opportunités de profit qu'il laisse miroiter[1]. Une révolution serait en marche et se compterait en milliards de dollars à engranger.

Peu importe que les choses changent vraiment. Ce qui compte est que les puissances occidentales croient qu'il y a transformation. Et elles veulent y croire ! Il faut demeurer positif, parier sur demain comme y incite encore, par exemple, au début 2018, le politologue Nicolas Tenzer, chez qui les bémols et précautions n'empêchent pas cette paradoxale conclusion : « Sur le plan géopolitique, quelle que soit notre condamnation des pratiques saoudiennes au Yémen, notre crainte devrait plutôt être celle d'un désengagement saoudien que d'un excès d'interventionnisme[2] ». Mieux vaut, comme moi, se pincer avant de relire cette assertion.

Les excès de MBS sont en effet sur tous les fronts, à l'intérieur comme à l'extérieur, dans l'autocratisme comme dans l'interventionnisme. La modernisation dont se revendique le prince héritier est économique et non pas politique. Plus elle convoque le libéralisme et moins elle provoque de libertés. Elle a pour but essentiel de rendre le royaume plus

1. François-Aïssa Touazi, « Le plan saoudien Vision 2030 : quelles opportunités pour les entreprises françaises ? », *Latribune.fr*, 27 juin 2016.

2. Nicolas Tenzer, « Peut-on faire confiance au plan Vision 2030 pour ouvrir l'Arabie saoudite ? », blog, *Huffingtonpost*, 24 avril 2008.

autonome du pétrole et pour levier majeur l'introduction en bourse d'Aramco, la compagnie pétrolière nationale qui, valorisée à 1 700 milliards de dollars, se classerait devant Apple et Amazon[1]. Un rêve démesuré de plus ? Sans doute et les marchés restent dubitatifs. En attendant, le vernis de libéralisation sert de vitrine pour allécher les investisseurs et abolir leurs ultimes hésitations. Pourtant, derrière le village Potemkine qui s'étale sur les écrans et les prospectus s'étend un univers concentrationnaire. L'assassinat du commentateur contestataire Jamal Khashoggi le 2 octobre 2018 a éclipsé l'incarcération la veille, le 1er octobre, de l'entrepreneur Essam Al-Zamel, poursuivi pour son esprit frondeur. Comme le souligne le journaliste Yves Bourdillon, spécialiste des relations internationales : « Quelle modernisation attendre d'un pays qui fait torturer un de ses journalistes dans l'un de ses consulats ? Ou qui inculpe de terrorisme un économiste pour avoir simplement douté de l'ouverture du capital de son groupe pétrolier ?[2] » Je ne saurais mieux dire.

Mohammed ben Salmane lui-même s'embarrasse moins de circonvolutions que les communicants qu'il appointe lorsqu'il admet avec une suavité menaçante : « Je ne suis ni Gandhi, ni Mandela[3] ». Les Yéménites, pour leur plus grand malheur, ne peuvent qu'acquiescer à la formule de leur agresseur. Et, avec eux, les Saoudiennes et les Saoudiens écrasés sous son inexorable marche vers le pouvoir total.

---

1. Jean-Michel Bezat, « Saudi Aramco, la plus grosse introduction en Bourse de l'histoire », *Le Monde*, 6 décembre 2019.
2. Yves Bourdillon, « Vision 2030 : la crédibilité du projet saoudien en question », *Les Échos*, 13 octobre 2018.
3. Au micro là encore de Norah O'Donnel lors de l'émission « 60 minutes » sur *CBS*, le 29 septembre 2019.

LE GRAND ACCAPAREMENT

Le crime sauvage d'Istanbul a révélé jusqu'où pouvait aller le système de répression massive qui règne à Riyad. Ce système, qui vise à éliminer la moindre opposition ou critique à l'intérieur, est d'autant plus féroce qu'il est sûr de bénéficier d'une certaine impunité à l'extérieur. La communauté internationale s'est résignée à la passivité. Elle juge que trop d'intérêts vitaux sont en jeu, du cours officiel du Brent au financement occulte du Djihad. Et qu'il faut donc laisser le temps au jeune prince impétueux et imprévisible de se bonifier.

Ce calcul n'est pas seulement immoral, il ne peut que se révéler fatal. J'en trépignerais presque. Jusqu'à quand les États occidentaux accepteront-ils de marchander les droits de l'homme ? Jusqu'au moment où ils auront tant cédé, tant renoncé, tant bradé et seront si asservis qu'ils ne pourront plus s'opposer au chantage permanent de MBS – moi ou le chaos ? En seulement quelques années, le bilan de cette tyrannie au visage *up to date* n'est-il pas d'ores et déjà accablant ?

C'est dès l'automne 2017 que commence le cycle des grandes purges. La première vague, le 13 septembre, touche les milieux islamistes, proches des Frères musulmans, afin de neutraliser les prédicateurs qui sont réfractaires aux mesures en trompe-l'œil du jeune prince et lui reprochent ses inclinations modernistes comme ses penchants occidentalistes. Parmi ces activistes placés aux arrêts figurent Salman Awdah et Awad al-Qarni, tous deux réputés proches d'Al-Sahwa, le « Réveil », un mouvement extrémiste qui réclame le départ des troupes américaines stationnées dans la péninsule.

Loin de moi l'idée de compatir au sort de ces fanatiques prêts à imposer le pire dès qu'ils exercent le moindre pouvoir ! Mais cet acte de coercition, infondé en droit, ne revêt de surcroît aucun caractère anti-sectaire. Il est au contraire proprement religieux. Le Comité des Oulémas approuve sans difficulté la répression des Fréristes locaux parce qu'à la différence des salafistes, ce sont des ennemis du wahhabisme[1]. Un fondamentalisme s'oppose à l'autre. Et il ne s'agit jamais que de protéger le pacte que Mohammed ben Abdelwahhab et Mohammed ben Saoud ont scellé au XVIIIe siècle et que leurs puissantes familles, les Al ach-Cheikh et les Al-Saoud, ont reconduit depuis : aux premiers revient l'administration de la doctrine et du culte, aux seconds celle de la politique et de l'économie.

La concentration de tous les pouvoirs régaliens dans les mains de MBS peut donc se poursuivre. Elle a pour condition de réussite l'élimination anticipée de chaque opposition, réelle ou présumée, qui pourrait se lever[2]. En fait, de la

1. Nabil Mouline, propos recueillis par Anne-Bénédicte Hoffner, « Qui sont les religieux saoudiens écartés par le prince héritier ? », *La Croix*, 8 novembre 2017. Voir également Wided Nasraoui, « En Arabie saoudite, les cheikhs qui ne suivent pas le wahhabisme sont considérés comme des gens à abattre », *Jeune Afrique*, 12 novembre 2019.

2. Benjamin Barthe, « En Arabie saoudite, le clan du roi fait taire la dissidence », *Le Monde*, 13 septembre 2017.

moindre velléité critique, surtout si elle est un tant soit peu représentative et articulée.

Le 4 novembre, aux quatre coins de l'Arabie saoudite, sous couvert d'une opération de lutte contre la corruption, un vaste coup de filet policier s'abat cette fois sur l'oligarchie civile. Des ministres, hommes d'affaires et princes de haut rang sont arrêtés par dizaines. Leurs homologues qui se trouvent à l'étranger sont ramenés de force à Riyad. Près de trois cents individus sont ainsi assignés à résidence dans le palace du Ritz-Carlton sous la surveillance des mercenaires de *Blackwater*, la compagnie américaine qui fournit des supplétifs au Pentagone. Redoutés pour leur brutalité à Kaboul et Bagdad, ces prétoriens ne vont pas faire mentir leur réputation à Riyad.

Il s'agit pour Mohammed ben Salmane de contraindre les riches d'entre les riches du royaume à céder une part significative de leur fortune. Selon *le New York Times*, les récalcitrants auraient été torturés et, au sein de cette « prison dorée », l'un d'entre eux aurait même trouvé la mort[1]. Que la communauté internationale ait accepté que l'Arabie saoudite dénie l'illégalité de cette rafle, refuse de donner la liste des détenus et taise les montants recouvrés me laisse encore aujourd'hui médusée.

L'addition à régler pour sortir se mesure, on l'apprendra par des indiscrétions, à proportion des réserves en liquidités de chacun. La rançon se monte à un milliard de dollars pour le prince Metab ben Abdallah, propriétaire entre autres du

---

1. Ben Hubbard, David D. Kirkpatrick, Kate Kelly et Mark Mazzeti, « Saudis said to use coercition and abuse to seize billions », *The New York Times*, 11 mars 2018.

Crillon à Paris[1]. Elle atteint six milliards de dollars pour le prince Al-Walid ben Talal, le financier et nabab international classé au 1er premier rang saoudien et au 45e rang mondial des grandes fortunes par le magazine *Forbes* : il mettra trois mois avant d'accepter la transaction qui comprend l'obligation, une fois sorti, de l'approuver publiquement[2].

Certes, la corruption est endémique dans le pays gardien des lieux saints de l'islam. Les prédations des puissants, qui sont inhérentes à son organisation clanique, coutumières. Et les paradis fiscaux abritent de spectaculaires avoirs saoudiens. J'en conviens, mais on ne peut pour autant répondre à l'extorsion par l'extorsion en confondant intimidation et moralisation. Dans tous les cas, le retour sur investissement de la purge a été bon. Financièrement, mais aussi politiquement.

Des milliards de dollars ont ainsi été récupérés, une centaine au pire, des centaines au mieux selon les observateurs[3]. Les publicitaires au service de la cause princière peuvent bien applaudir une opération mains propres qui n'avait que trop tardé, non sans faire mine de déplorer, du bout des lèvres, le gant de fer avec lequel elle a été administrée – et, selon la devise qui va comme un gant à leur client, « à la guerre comme à la guerre » n'est-ce pas ? L'histoire retiendra la mise

1. Hala Kodmani, « Le prince Saoudien Metab ben Abdallah lâche un milliard de dollars contre sa libération », *Libération,* 30 novembre 2017.

2. On aura pu en suivre chaque épisode sur *RFI Moyen Orient* : « Le riche prince Walid, celui qui résiste malgré la purge », 30 décembre 2017 ; « Al-Walid ben Talal libéré après un “arrangement” financier », 27 janvier 2018 ; « Le prince milliardaire saoudien al-Walid ben Talal “pardonne” l'épreuve du Ritz », 20 mars 2018.

3. Claude Fouquet, « Purge anticorruption : l'Arabie saoudite dit avoir récupéré 107 milliards de dollars », *Les Échos,* 30 janvier 2018.

au pas, dépouillement à l'appui, des opposants déclarés ou potentiels à l'ascension de MBS. Le dauphin n'a pas procédé à une restitution nationale des richesses détournées, mais à leur appropriation personnelle. Et, en privant le ventre mou de la Maison des Saoud de son indépendance économique, il a soumis l'entier pays à son bon vouloir.

Soucieux en bonne graine d'autocrate de maîtriser l'information, Mohammed ben Salmane profite de la purge pour faire main basse sur divers groupes audiovisuels[1]. Il contraint ainsi Khaled ben Sultan de lui céder le célèbre journal panarabe *Al-Hayat* dont l'activité sera transférée de ses bureaux historiques, Beyrouth et Londres, à Dubaï afin de marquer une proximité accrue avec son nouvel employeur et la ligne *Gulf First*[2]. Après trois mois passés en détention, c'est au tour de Walid Al-Ibrahim de plier et lui abandonner la majorité de l'influente *Middle East Broadcasting Company* qui, également basée à Dubaï, comprend une quinzaine de chaînes câblées dont *Al Arabiya*, rivale d'*Al Jazeera*, son homologue qatarie. Sans doute le « mogul » autoproclamé de Riyad a-t-il amèrement regretté d'avoir décliné la juteuse proposition de rachat que MBS lui avait présentée avant la rafle du Carlton[3].

Le coup de sifflet marquant la fin de la récréation au sein de la dynastie des Saoud a pourtant retenti dès l'avènement du roi Salmane et de son rejeton. Avant la grande purge des nantis et bien avant l'assassinat du journaliste Jamal

---

1. René Naba, « La déconfiture des médias arabes », *Madaniya*, 18 mai 2018.

2. Mohammed El Oifi, « Discours médiatique saoudien et médias panarabes », *Confluences Méditerranée*, 2007, n° 61, p. 90-93.

3. Ben Hubbard, « Saudi Arabia frees media Mogul, but his company's fate remains a mystery », *The New York Times*, 26 janvier 2018.

Khassoghi, le kidnapping, autre incontournable des sagas « familiales » à la sauce italo-américaine, est devenu une méthode courante d'intimidation. Si le tandem régnant ne l'a pas inventée, il a généralisé cette pratique ancestrale qui participe de la tradition bédouine et qui bénéficie de l'aval des oulémas. Entre 2015 et 2017, un trio de princes l'a ainsi appris à ses dépens. Le marché aux otages, qu'il soit le fait de terroristes ou de gouvernements, se moque des frontières. Hormis leur rang et leur cousinage, rien ne prédestinait Sultan ben Turki Al-Saoud, Turki ben Bandar Al-Saoud et Saoud ben Saif Al-Nasr à connaître le même sort. Qu'ont-ils eu en commun ? D'avoir été à un moment critique de la prise de pouvoir des Soudayri pour de bonnes ou de moins bonnes raisons, les deux premiers par opposition politique, le troisième par calcul vénal. De s'être installés en Europe pour échapper au courroux de la fratrie désormais régnante. D'avoir été saisis dans un hub d'aéroport et ramenés de force à Riyad sur ses ordres. Et de n'avoir ni donné de nouvelles, ni été revus en public depuis. Rétrospectivement, cet épisode des « Princes disparus » apparaît inaugural d'une politique systématique[1].

Enlèvement, dépouillement, assujettissement : la méthode s'applique à toute la parentèle, mais aussi à la clientèle extérieure. Ce même 4 novembre 2017, Mohammed ben Salmane prend avantage de la visite du Premier ministre libanais, Saad Hariri, pour le séquestrer et le retient en otage pendant deux semaines avant de le contraindre à

1. Mike Wakely et Reda al Mawy, *Kidnapped! Saudi Arabia's Missing Princes*, BBC News Channel, *bbc.com.*, 16 septembre 2017.

démissionner[1]. Le fils de l'ancien homme fort du pays des cèdres, Rafiq Hariri, mort dans un attentat à la bombe le 14 février 2005, est coupable de nombreux manquements aux yeux de MBS. Lui aussi détient de notables intérêts capitalistiques et médiatiques en Arabie saoudite tandis qu'au Liban, il peine à s'imposer politiquement. Chef de la coalition à dominante sunnite qui est au pouvoir à Beyrouth, Saad Hariri se trouve accusé de complaisance à l'égard de son compétiteur chiite, le Hezbollah, allié déclaré de Téhéran et ennemi affiché de Riyad. En bref, non moins que les magnats saoudiens, il barre la route au projet autocratique du prince héritier.

Or, Mohammed ben Salmane, déjà chef de guerre au Yémen, espère secrètement le concours de l'État hébreu qui, depuis quelque temps, joue la carte du rapprochement avec l'État wahhabite[2]. Il souhaite que Tsahal envahisse à nouveau le Liban, réoccupe le Sud et y écrase leur ennemi commun, les milices du « Parti de Dieu ». Une projection imaginaire de plus car Israël entend à son habitude rester le seul maître de ses décisions[3]. Mais pousser Hariri dehors est la clé de ce hasardeux coup de billard à trois bandes.

Au terme d'une communication brouillonne qui, au grand dam de l'opinion internationale, voit l'otage libanais

1. Benjamin Barthe, « Le royaume saoudien se met en ordre de bataille », *Le Monde*, 6 novembre 2017.

2. Ce qu'explique à Antoine Colonna la chercheuse Sima Shine, qui a longtemps œuvré au sein du Mossad : « La surprise saoudienne », *Valeurs actuelles*, 17 novembre 2017.

3. Ron Kampeas, « Quel est l'impact des troubles politiques en Arabie saoudite et au Liban pour Israël ? », *The Times of Israël*, 12 novembre 2017.

manifestement terrorisé enchaîner des déclarations télévisées sous la dictée de son royal geôlier, Emmanuel Macron ménage une porte de secours à un MBS empêtré dans une sévère impasse diplomatique. Cette action est à porter au crédit du président de la République – comme quoi, lorsqu'on veut… Saad Hariri est autorisé à gagner Paris d'où il ne tarde pas à révoquer sa démission et de là, rejoint Beyrouth. Qui sait ce qui aurait pu lui arriver sans l'intervention de la France[1] ? Bientôt, l'affaire Harari apparaîtra comme un simple prélude à l'affaire Khashoggi[2].

Une fois la vague d'arrestations de l'automne 2017 rondement menée et les captifs dûment rackettés, la purge des cercles dirigeants continue. Moins spectaculaire les deux années suivantes, elle reste néanmoins constante et s'étend même à la famille proche de MBS : nul ne doit entraver ses ambitions et tous font l'objet, là encore selon la formule consacrée du *Parrain*, d'« une offre qu'ils ne sauraient refuser ». Les incarcérations et mises en résidence surveillées pleuvent ainsi que le rapportent de rares fugitifs[3]. Mais la purge connaît aussi des pics lorsqu'il s'agit de nettoyer la liste des hypothétiques prétendants au trône encore en lice. Le vendredi 6 mars 2020, la garde royale interpelle à leurs domiciles plusieurs parents du roi Salmane : son frère, le prince Ahmed ben Abdelaziz al-Saoud, et ses neveux, les princes Mohammed ben Nayef et Nawaf ben Nayef, sont

1. Malise Ruthven, *L'Arabie des Saoud, Wahhabisme, violence et corruption*, La Fabrique éditions, 2019, p. 272.

2. Benjamin Barthe, « De l'affaire Hariri à l'assassinat de Khashoggi, la méthode "MBS" », *Le Monde*, 16 novembre 2018.

3. Aziz Zemouri, « Arabie saoudite : "MBS a placé sa propre mère en résidence surveillée !" », *Le Point*, 23 octobre 2018.

accusés de complot contre le régime et passibles de la peine de mort[1].

Jamais à court d'arguments, les défenseurs de MBS affirment que le prince héritier ne ferait que prévenir les putschs et tentatives d'attentats ou d'empoissonnement dont il serait la cible en raison de ses réformes. Certes, qui sème la tempête s'expose aux représailles. Mais de quel réformisme au juste parle-t-on ? Même si tous ces princes longtemps confits dans les pétrodollars et désormais maltraités n'inspirent guère la sympathie, ils ne sont pas de réels opposants. Si à force de fréquenter les palaces occidentaux ils sont devenus quelque peu libéraux, ils demeurent partisans du statu quo. Tous partagent la nécessité d'assurer la survie du royaume en ripolinant l'islamisme aux couleurs du nationalisme. Leurs démêlés avec Mohammed ben Salmane sont d'ordre personnel. Ils ont pour cause la méfiance que leur inspire son mélange de démesure et d'amateurisme.

La complexité de la biographie de Jamal Khashoggi est à cet égard parlante. Elle apparaît dans les premiers articles sur sa disparition avant que sa fin terrible ne tende à l'effacer. Je la rappelle ici pour justement inviter à ne pas jeter un regard illusoire sur la réalité de la société saoudienne. Le combat pour la liberté ne fait qu'y commencer. Il sera long et rencontrera une opposition déterminée.

L'homme, dont les racines ottomanes expliquent les liens avec la Turquie, naît en 1958 dans une famille de notables liée à la Cour. Il est le neveu du richissime marchand d'armes Adnan Khashoggi et le cousin germain de Dodi Al-Fayed,

1. Wassila Belhacine, « En Arabie saoudite, le prince héritier fait le ménage autour de lui », *La Croix*, 10 mars 2020.

connu pour son aventure avec la princesse Diana[1]. Patriote, croyant et conservateur, il soutient, en tant que grand reporter, le djihad anti-communiste en Afghanistan et loue Oussama ben Laden avant de le réprouver. À Riyad, il se rapproche un temps des Frères musulmans puis se fait le conseiller du prince Turki ben Fayçal, le patron du renseignement, ce qui ne l'empêche pas de cautionner l'essor de l'islam politique lors des Printemps arabes[2].

En d'autres termes, Jamal Khashoggi présente jusque-là un profil des plus saoudiens. L'ascension de Mohammed ben Salmane provoque la disgrâce de son milieu. Il s'inquiète de la tournure autoritaire du régime et se rallie peu à peu à la cause démocratique. Mais non sans garder des accents nationalistes : peu avant sa disparition, il déclarera soutenir la guerre au Yémen en comparant, selon une rhétorique bien connue, l'Iran de Khamenei à l'Allemagne d'Hitler[3].

Après avoir fui Riyad à l'automne 2017 pour échapper aux purges, Jamal Khashoggi gagne les États-Unis et devient au *Washington Post* le critique le plus constant et plus consistant de la « révolution saoudienne » qui, sous sa plume, ressort comme une diversion délibérée pour cacher une dérive dictatoriale. Il était l'adversaire de MBS, il en devient l'ennemi[4]. Son crime est de révéler à l'opinion occidentale les

1. Philippe Martinat, « Disparition du journaliste saoudien Jamal Khashoggi, le mystère demeure », *Le Parisien*, 10 octobre 2018.
2. Hala Kodmani, « Qui est Jamal Khashoggi, journaliste saoudien disparu à Istanbul ? », *Libération*, le 5 octobre 2018.
3. De manière posthume dans le documentaire de Martin Smith, *The crown prince of Saudi Arabia*, Frontline, *PBS*, octobre 2019.
4. Georges Malbrunot, « Jamal Khashoggi : l'ami des princes, devenu trop dangereux », *Le Figaro*, 18 octobre 2018.

arcanes du nouveau pouvoir comme seul un initié peut le faire. L'affaire prend ainsi un dramatique tour personnel qui appelle la vengeance contre le traître et qui virera à la terrible vendetta personnelle.

Les purges ont lancé l'alerte, la mort du journaliste sonne l'alarme. Pourtant, un simple examen de l'actualité depuis 2015 aurait suffi à constater l'abîme toujours plus profond, au royaume saoudien, entre les mirages de l'image et la réalité des faits.

CONTRÔLER ET PUNIR

C'est une équation compliquée à résoudre, je l'admets, que la Maison des Saoud a posé sur la table des communicants qui font la pluie et le beau temps à New York, Londres et Paris. Comment transformer l'image d'un royaume archaïque fondé sur la religion et le tribalisme en l'icône d'une nation moderne et innovante ? Comment conférer une identité nationale à un peuple qui n'est jamais vraiment entré dans l'histoire, n'a participé à aucune mutation cruciale de l'humanité et dont la seule contribution connue est un fondamentalisme devenu, sous son égide, un fléau planétaire ? Comment permettre à un régime discrédité de gagner le degré de respectabilité que lui réclament ses alliés et qu'attendent les investisseurs alors que sa prodigieuse richesse, bâtie sur les sables, risque de s'effacer et que sa première urgence est de se réinventer économiquement ?

La réponse des *spin doctors* est qu'il faut un grand *story telling* à la manière d'Hollywood. Le seul pays du monde à porter un nom de famille doit présenter un nouveau visage, être incarné à l'écran par un *millenial* dont la jeunesse masquera la permanence de l'ancien sous le vernis du neuf. C'est naturellement à MBS, le commanditaire de l'opération, qu'il revient d'endosser ce rôle taillé sur mesure. Ce que les maîtres en communication n'ont pas prévu est l'effet boomerang de leur choix[1]. La saga du guide éclairé emmenant à sa suite tout un peuple sur la voie du progrès va tourner au film de guerre puis d'horreur sous l'*hubris* de son interprète principal et premier responsable de la ruine du magnifique scénario.

Quand je refais le compte, je conclurais volontiers à l'hallucination collective si je ne savais, par-delà les moyens entrepris, la propension des opinions occidentales à se bercer d'illusions consenties. Mohammed ben Salmane serait un réformateur qui travaillerait à l'instauration d'un état de droit ? Pourquoi alors, sous sa férule, le nombre des exécutions capitales atteint-il des records ? Si, en valeur absolue, la Chine reste en tête, loin devant l'Iran et l'Arabie saoudite, l'ordre du trio s'inverse si on le rapporte à la population du pays, c'est Riyad qui alors l'emporte avec un ratio douze fois supérieur à celui de Pékin[2] ! Dans le domaine pénal, le royaume continue à appliquer les mêmes sentences et les mêmes sévices que favorisait le défunt État islamique. La flagellation pour un délit, l'amputation pour un vol, la lapidation pour un adultère et la décapitation pour un crime, que l'on soit adulte ou mineur, sont administrées en public tandis que les cadavres crucifiés des dissidents, à l'instar de ceux des hérétiques, des blasphémateurs et des sorcières, restent exposés jusqu'à pourrissement des chairs[3].

---

1. La formule est d'Ardavan Amir-Aslani dans son entretien avec Emmanuel Dupuy, « Saudi First : comment le nouveau nationalisme saoudien instrumentalisé par MBS pourrait bien lui revenir en boomerang », *Atlantico*, 29 juillet 2019.

2. Cornell Law School, *Death Penalty Database, Saudi Arabia 2007-2019*, *dpw.pointjupiter.com*.

3. Le 23 avril 2019, ce sont ainsi 37 « terroristes » qui ont été décapités et crucifiés *post-mortem*. Voir Malo Tresca, « Nouvelle grande salve d'exécutions en Arabie saoudite », *La Croix*, 24 avril 2019.

L'aveuglement volontaire ne s'arrête pas là. Mohammed ben Salmane serait le libérateur des femmes qui, après leur avoir ouvert la porte des stades de football et des salles de concerts, les laisserait prendre le volant ? Pourquoi alors les Saoudiennes qui, à l'initiative de l'universitaire Aziza al-Yousef, ont signé en 2016 une pétition demandant l'abrogation du tutorat masculin imposé par la Charia sont-elles persécutées depuis par la puissance publique[1] ? Luttant pour l'égalité des droits, Aziza a été arrêtée le 15 mai 2018 en compagnie d'Aisha Al-Mana et de Loujain Al-Hathloul, ses camarades de combat. Aïsha a été relâchée. Aziza et Loujain ont été emprisonnées. Elles ont toutes deux été torturées, fouettées, électrocutées et harcelées sexuellement selon Amnesty International[2].

Interrogée par le prix Pulitzer Nicholas Kristof, Sarah Leah Whitson, l'avocate de Human Rights Watch, explique combien ces violences « sont l'illustration de la méthode saoudienne qui, sans foi ni loi, vient à punir sadiquement tout citoyen qui ose penser librement[3]. » Aziza a fini par sortir de la prison où croupit Loujain. Parce qu'elle refuse de déclarer publiquement avoir été bien traitée, le calvaire de la rebelle à peine trentenaire continue. Le pire cependant est qu'évoquer son cas en haut lieu, comme il m'arrive de

1. Ella Micheletti, « Arabie saoudite : une féministe en lutte contre la tutelle masculine » *Le Figaro*, 27 décembre 2016.

2. Amnesty international, « Saudi Arabia: Reports of torture and sexual harassment of detained activists », *amnesty.org*, 20 novembre 2018.

3. Nicholas Kristof, « She wanted to drive, So Saudi Arabia's ruler imprisoned and tortured her ? », *The New York Times*, 26 janvier 2019.

la faire, ne suscite jamais qu'une moue embarrassée comme on les réserve habituellement pour les causes perdues[1].

Engagée dans la cause féministe, Loujain est en effet une récidiviste. Pour le plus grand déplaisir de nos diplomates, on ne peut pas compter sur elle pour, une fois libérée, rentrer dans le rang et se taire. En 2014, elle avait été incarcérée pendant soixante-treize jours pour avoir conduit une voiture alors que les Saoudiennes n'en avaient pas encore le droit[2]. Puis elle avait réussi à fuir son pays et, tout en continuant de militer, poursuivi des études au Canada avant de se fixer à Abou Dhabi. Francophone, ayant passé une partie de son enfance à Toulon, elle s'était inscrite à l'annexe émiratie de la Sorbonne. Loujain se pensait sans doute en sécurité. Mal lui en a pris. Tuteur et allié de MBS, MBZ ne saurait rien lui refuser : en mars 2018, la police de Mohammed Ben Zayed a arrêté Loujain Al-Hathloul et l'a placée de force dans un avion à destination de Riyad. Un « rapatriement » qui a pour nom extradition, pour synonyme kidnapping et qui devenu une constante du régime. Avec pour solde, comme il en a été pour son autre sœur de combat, la chiite Israa al-Ghomgham, un chantage à la décapitation[3].

Héroïnes, figures de la liberté, symboles de la résistance à la tyrannie au nom des droits humains, ces jeunes femmes font des émules parmi les Saoudiennes. Et ça, le régime l'a bien

1. Jeannette Bougrab, « La France doit intervenir en faveur de la Saoudienne Loujain Al-Hathloul, figure de la liberté », *Le Monde*, 16 février 2019.

2. Bahar Makooi, « Une Saoudienne arrêtée après avoir franchi la frontière en voiture », *France 24*, 1er décembre 2014.

3. Estelle Piaton, « La militante saoudienne Israa al-Ghomgham risque la décapitation », *Le Figaro*, 22 août 2018.

compris et ne peut le supporter. Le 6 janvier 2019, Rahaf Mohammed Al-Qunun, dix-huit ans, profite d'un transit en Thaïlande pour échapper à la surveillance de sa famille et demander l'asile politique[1]. Barricadée dans sa chambre d'hôtel à l'aéroport, cette encore gamine lance courageusement un SOS sur les réseaux sociaux. Elle ne veut pas retourner dans cette prison pour femmes à ciel ouvert qu'est son pays. L'intervention du Haut-Commissariat des Nations unies aux réfugiés et la mobilisation de l'opinion publique internationale font qu'elle peut obtenir quelques jours de répit avant qu'un État ne se décide enfin à contrarier la pétromonarchie wahhabite[2]. Le 12 janvier, elle est accueillie sur le tarmac de Toronto par la ministre canadienne des Affaires étrangères Chrystia Freeland. La presse officielle se déchaîne à Riyad, dénonce une manipulation internationale, traite Rahaf de « droguée » et appelle à une campagne de « moralisation » de la jeunesse contre la « pénétration » des idées occidentales[3] ! Comme le dit l'adage, avec de tels amis, nul besoin d'ennemis.

Autre chimère, la culture précisément. Mohammed ben Salmane serait le protecteur de la culture, des arts et des formes libérales d'expression qui mettrait enfin l'Arabie saoudite à l'heure de la globalisation en recevant à sa table pop-stars et prix Nobel venus du monde entier ? Mais pourquoi alors des écrivains, des intellectuels, des journalistes et

1. Nesrine Briski, « Rahaf Mohammed dévoile la face cachée des Saoudiennes », *Causeur*, 17 janvier 2019.

2. Anaïs Moine, « Tout juste reconnue réfugiée, Rahaf Mohammed témoigne de son bonheur », *auFéminin.com*, 10 janvier 2019.

3. Anonymous in Saudi Arabia, « Here's how the Saudi press has been smearing the teen who fled her family », *thinkprogress.org*, 3 février 2019.

même des dignitaires religieux sont-ils sur place régulièrement intimidés, muselés, emprisonnés ? Et comment se fait-il que le dauphin omnipotent n'use pas de son droit de grâce pour apurer le passé qu'il est censé réprouver ?

La vie du jeune blogueur Raif Badawi, condamné à dix ans de prison et mille coups de fouet en 2013 pour avoir affirmé que musulmans, juifs, chrétiens, athées sont égaux, ne tient plus qu'à un fil après plusieurs grèves de la faim et l'on est sans nouvelles de son avocat Waleed Abu al-Khair, arrêté pour l'avoir défendu, dont la famille a dû prendre le chemin de l'exil, ayant été là encore accueillie par le Canada[1]. Condamné en 2014 à la décapitation pour apostasie, soutenu par les écrivains du monde entier, le poète d'origine palestinienne Ashraf Fayad a bien vu sa peine commuée, mais en huit ans de prison et huit cents coups de fouet[2]. Tous trois continuent de dépérir dans les cachots du prince puisque lui-même ne cesse de se présenter comme le « leader » de son pays.

La cadence de la machine à réprimer ne saurait ralentir. Au contraire. Figure nationale, l'écrivain Zuhair Kutbi a été condamné à quatre ans de prison en 2015 pour avoir prôné l'instauration d'une monarchie constitutionnelle : libéré en juin 2017, soumis à quinze ans d'interdiction de publier, il a été à nouveau arrêté le 9 janvier 2019[3]. Quant à la rappeuse noire Asayel Slay, interpellée au mois de février 2020 pour

---

1. Martine Gozlan, *Les rebelles d'Allah : Ils ont défié l'ordre islamiste*, L'Archipel, 2014, p. 88-90.

2. « En Arabie saoudite, la peine de mort d'un poète commuée en coups de fouet », *L'Express*, 2 février 2016.

3. Comittee to protect journalists, « Saudi Arabia jails another journalist, tries women who criticized driving ban », *cpj.org*, 13 mars 2019.

son clip *Bint Makka*, « Fille de La Mecque », nul ne sait la sentence finale dont conviendront les tribunaux afin de punir son « acte qui offense les traditions du royaume et en contredit l'identité[1] ».

Pire encore, sous MBS, le royaume ne se contente pas de chasser les opposants dans ses frontières, il les pourchasse aussi hors de ses frontières. Ce système aura atteint son sommet avec l'assassinat barbare du journaliste Jamal Khashoggi. Mais le scandaleux crime d'Istanbul aura provoqué du coup la chute de son coordonnateur, Saoud ben Abdullah al-Qahtani. L'ombre de cette éminence grise se profile derrière les purges, les enlèvements et les arrestations. Préposé aux basses œuvres du régime, il y aurait ajouté le plaisir sadique d'assister à diverses séances de torture, dont celles qu'a eues à subir Loujain al-Hathloul, lui promettant « de la violer chaque soir du Ramadan avant de la tuer, de dépecer son cadavre et de le jeter aux égouts[2] ».

Mais le conseiller royal est aussi l'auteur d'un vaste plan de contrôle et d'intimidation de l'opinion par le biais des réseaux sociaux[3]. Lui aussi n'a retenu de la modernité que la technologie. Partisan acharné du patriarcat, Al-Qathani a été à la source de l'application saoudienne Absher, « À vos ordres ! » [*sic*], qui, sous couvert de faciliter les démarches

---

1. Marise Ghyselings, « L'arrestation de la rappeuse Asayel Slay révèle les doubles standards du régime saoudien », *Paris Match*, 26 février 2020.
2. Selon le témoignage recueilli par sa sœur : Alia al-Hathloul, « My sister is in a Saudi prison. Will Mike Pompeo stay silent ? », *The New York Times*, 13 janvier 2019. Voir également la dépêche : « Aide to Mohammed bin Salman "supervised torture of female prisoner" » *Reuters*, 7 décembre 2018.
3. Madawi al-Rasheed, « Saudi Arabia's Mr Hashtag: where is Saud al-Qahtani ? », *Middle East Eye*, 3 septembre 2019.

administratives des femmes, permet aux hommes de les surveiller[1]. Âme damnée du régime, il a investi dans l'univers numérique sans compter grâce aux pétrodollars. Selon les journalistes d'investigation du *New York Times*, Al-Qathani a créé sur Internet une armée de trolls pour identifier et harceler tout individu qui critiquerait la personne de MBS et l'inonder d'injures verbales puis de menaces physiques en attendant que l'inconscient ne soit déféré devant les tribunaux ; il a également hacké Facebook, Twitter, Instagram à l'échelle nationale comme internationale pour s'informer sur les opposants comme sur les partenaires du royaume ; enfin, il a recouru à des officines pour espionner des personnalités de toutes sortes, saoudiennes comme étrangères[2].

Le plus consternant est le soutien que de grandes firmes occidentales ont apporté à cette entreprise orwellienne. Les mêmes journalistes que je viens de citer rapportent comment Apple et Google se sont chargés de diffuser l'application Absher dans le royaume. Comment des sociétés de cybersécurité, l'italienne Hacking Team, l'israélienne NSA, ont vendu leurs logiciels mouchards à Riyad. Ou encore comment la fameuse compagnie McKinsey a instruit une note ciblant les comptes Twitter de l'écrivain Khalid al-Alkami ou de l'activiste Omar Abdulaziz, tous deux critiques du pouvoir et proches de Jamal Khashoggi : le premier a été arrêté et emprisonné de même que les frères cadets du second pour punir

---

1. Bill Bostock, « Saudi Arabia runs a huge, sinister online database of women that men use to track them and stop them from running away », *Business Insider*, 2 août 2019.

2. Katie Benner, Mark Mazzeti, Ben Hubbard et Mike Isaac, « Saudis' image Makers: a troll army and a twitter insider », *The New York Times*, 20 octobre 2018.

leur aîné d'être hors d'atteinte de la police saoudienne dans son exil québécois[1]. Certes, ces sociétés se sont dit horrifiées de découvrir de tels agissements mais, les affaires étant les affaires, certaines d'entre elles ont vite repris le chemin de Riyad. L'argent n'a pas d'odeur. En tout cas, pas celui des bastilles wahhabites.

Toutefois, même les riches sont parfois victimes de mauvaises manières. Parmi les puissants de ce monde, beaucoup ont dû regretter leurs démonstrations d'amitié à l'égard de MBS quand ils ont appris la mésaventure dont Jeff Bezos a été la victime : le fondateur d'Amazon mais aussi le propriétaire du *Washington Post* où écrivait le défunt Khashoggi aurait eu son téléphone piraté après avoir rencontré le prince héritier à Los Angeles en 2018 et reçu de lui par WhatsApp un fichier vidéo crypté[2]. Vrai ? Faux ? Les experts convoqués à la rescousse du portable infecté ont jugé cette possibilité de « moyenne à élevée »[3].

Saoud al-Qahtani n'est plus là pour en rendre compte. Après le mandat d'arrêt que les autorités turques ont émis à son encontre le 5 décembre 2018 pour le carnage d'Istanbul, il a disparu. Il aurait été placé à son tour en résidence surveillée ou, selon une autre hypothèse, serait mort empoisonné au cours de l'été 2019 afin d'être soustrait à toute

1. Rania Massoud, « Nouvelles menaces saoudiennes contre trois dissidents, dont un à Montréal, selon la CIA », *Radio Canada International*, 10 mai 2019.

2. Stephanie Kirchgaessner, « Jeff Bezos hack: Amazon boss's phone "hacked by Saudi crown prince" », *The Guardian*, le 22 janvier 2020.

3. Jean-Philippe Louis, « Le téléphone de Jeff Bezos aurait été piraté par le prince héritier saoudien MBS. »

velléité d'enquête internationale[1]. D'une manière ou d'une autre, le mauvais génie a été écarté. Mais les écoutes continuent. Et avec elles, la coercition.

Sous le coup de ces révélations, le camp occidental a commencé de se fissurer. Et ce, bien que j'éprouve de l'écœurement à l'écrire, à l'avantage moral de l'Amérique, pas de l'Europe et encore moins de la France. Aux États-Unis, le Sénat s'est mis à dénoncer et condamner le nouveau despotisme saoudien. Au Canada, où sont accueillis bras ouverts les réprouvés qui ont réussi à fuir la terreur, le gouvernement s'est montré toujours plus intraitable sur la violation des libertés fondamentales dans les pétromonarchies du Golfe. Mais au sein des vieilles démocraties, à Londres ou à Paris, qu'il s'agisse de la Reine Élisabeth à Buckingham palace ou du président Macron au palais du Louvre, on se complaît à honorer Mohammed ben Salmane des dîners protocolaires réservés aux plus grands chefs d'État.

Je ne me fais guère d'illusion sur notre capacité à infléchir la politique des droits de l'homme en Chine. Mais en Arabie saoudite, la situation est autre. La France n'est-elle pas intervenue avec succès auprès du prince héritier pour obtenir la libération du Premier ministre libanais Saad Hariri ? Alors pourquoi ne pas le faire pour Loujain, Israa, Raif, Ashraf, toutes celles et tous ceux qui croupissent injustement dans les geôles du royaume et dont la vie reste suspendue au fouet ou au sabre ? Notre action extérieure peut-elle tourner le dos à ce qui fait sa grandeur ? Et que devient la France si elle ne défend pas des actes de justice, pour reprendre une formule chère à Albert Camus ?

---

1. Baudouin Loos, « Qu'est devenu Saoud al-Qahtani, le conseiller de "MBS" ? », *Le Soir*, 29 août 2020.

Il serait bon que nos élites lisent la tribune justement si camusienne dans laquelle l'écrivain algérien de langue française Kamel Daoud pointe leur inconséquence : « Daech noir, Daech blanc. Le premier égorge, tue, lapide, coupe les mains, détruit le patrimoine de l'humanité, et déteste l'archéologie, la femme et l'étranger non-musulman. Le second est mieux habillé et plus propre, mais il fait la même chose. L'État islamique et l'Arabie saoudite. Dans sa lutte contre le terrorisme, l'Occident mène la guerre contre l'un tout en serrant la main de l'autre. Mécanique du déni, et de son prix. On veut sauver la fameuse alliance stratégique avec l'Arabie saoudite tout en oubliant que ce royaume repose sur une autre alliance, avec un clergé religieux qui produit, rend légitime, répand, prêche et défend le wahhabisme, islamisme ultra-puritain dont se nourrit Daech[1]. »

Il aurait dû y avoir un avant et un après Khashoggi. Mais l'effet macabre des révélations sur le meurtre du journaliste dissident s'est vite estompé. Nous voilà invités à nous réjouir de la campagne de promotion touristique vantant les plages édéniques d'Um Luj, à nous extasier devant l'auditorium tout en verre dressé parmi les vestiges nabatéens d'Al-Ula, à nous enthousiasmer pour le déplacement du Paris-Dakar dans les dunes de l'Haïl. Le royaume wahhabite achète notre culture[2], nous lui vendons des armes et la transaction a pour prix le silence sur le désastre humanitaire au Yémen.

1. Kamel Daoud, « L'Arabie saoudite, un Daech qui a réussi », *Le Temps*, 24 novembre 2015.

2. Roxana Azimi, « L'Arabie saoudite mise sur l'art et la culture », *Le Monde*, 22 février 2018. Le chapeau de l'article précise que « le royaume tente de redorer son image en ouvrant musées et expositions, mais bien des sujets restent tabous » : on ne saurait mieux dire.

Un désastre qui dure et qui grandit depuis l'offensive qu'a déclenchée en 2015 un jeune prince, impétueux et insatiable, à peine nommé par son royal papa ministre de la Défense et disposant d'un coup de jouets aptes à conforter ses rêves de grandeur.

UNE GUERRE PAR PROCURATION

Au printemps 2011, un vent de contestation souffle sur le monde arabe. Les vieux despotes, plus corrompus les uns que les autres, tombent sous la levée d'une jeunesse qu'ils ont privée d'espoir. En Tunisie, Zine el-Abidine Ben Ali est contraint de quitter le pouvoir après le suicide de Mohammed Bouazizi, un camelot de 26 ans qui s'est immolé par le feu quand la police lui a confisqué son étal[1]. En Égypte, Hosni Moubarak subit le même sort à la suite des manifestations monstres qui, des semaines durant, réunissent étudiants, apprentis, chômeurs, coptes et musulmans place Tahrir au Caire. « Dégage ! » : du Maroc à la Jordanie, de l'Irak à l'Algérie, les soulèvements populaires emmenés par les jeunes bouleversent la donne politique que l'on avait pu croire figée pour l'éternité. Bien entendu, ces printemps ont plus ou moins d'intensité. Certainement, et je suis l'une des premières à le dire, derrière la révolution 2.0 des réseaux sociaux s'agite l'islamisme. Et comme nombre de mes amis, la tristesse m'étreint de voir la Lybie et la Syrie

1. Ce geste extrême donne immédiatement lieu à littérature et les écrivains s'en font le relai : Tahar ben Jelloun, *Par le feu*, Gallimard, 2011.

plonger dans la guerre civile. Mais un certain réveil, auquel on n'osait plus croire, est là[1].

Le Yémen, l'unique république que connaît la péninsule arabique, n'échappe pas à ce mouvement. Le 25 février 2012, après de tumultueux et sanglants rebondissements, le président Ali Abdullah Saleh s'en va après avoir passé plus de trente-trois années au pouvoir. Il laisse derrière lui un pays croulant sous la misère. Ce qui n'est pas son cas. Selon un rapport des Nations unies publié en 2015, l'ex-potentat aurait détourné entre trente et soixante-deux milliards de dollars au cours de ses mandats : « les actifs de M. Saleh comprennent des biens immobiliers, des espèces, des actions, de l'or et d'autres produits de valeur répartis dans au moins vingt pays », précisent les enquêteurs avant de poursuivre : « L'origine des fonds utilisés pour générer la richesse d'Ali Abdullah Saleh serait due en partie à ses pratiques de corruption en tant que président du Yémen, notamment en ce qui concerne les contrats de gaz et de pétrole[2] ». Mais, et c'est bien fâcheux, on ne saura rien sur la part de l'influent voisin saoudien dans cette gabegie.

Les Yéménites se sont d'abord insurgés contre un État corrompu. Ils l'ont fait de manière pacifique et non sans talent. À la une de la presse internationale figure l'artiste de rue Murad Subay, 27 ans, considéré comme l'émule du légendaire Bansky : le graffeur dont les fresques colorées ornent les rues de Sanaa deviendra le sombre chroniqueur

1. Pour un panorama complet et critique, Amin Allal et Thomas Pierret (dir.), *Au cœur des révoltes arabes. Devenir révolutionnaires*, Armand Colin, 2013.

2. « Les milliards cachés de l'ex-président yéménite », *Le Figaro* avec l'*AFP*, 25 février 2015.

des horreurs de la guerre[1]. Militante de tendance islamiste tout juste âgée de trente-deux ans, Tawakkol Karman se fait également remarquer en prenant la tête des manifestations. Cette même année 2011, elle partage le prix Nobel de la paix avec les Libériennes Ellen Johnson Sirleaf et Leymah Gbowee. Il leur est décerné au titre de leurs engagements au service des femmes. Un choix étonnant dans son cas, surtout à mes yeux, quand des féministes qui prétendent que se voiler et s'émanciper s'égalent ? Sans doute. Mais, par la suite, Tawakkol démontrera courageusement son indépendance politique en condamnant sans appel l'intervention militaire de la coalition sunnite, ce qui lui vaudra d'être exclue de son parti, al-Islah, lié à l'Arabie saoudite[2]. Quel que soit leur horizon, ces jeunes révoltés sont portés par un élan patriotique. Ils veulent un Yémen libre.

Néanmoins, le pays est instable et les luttes intestines, les quatre années suivantes, effacent peu à peu les rêves du printemps yéménite. Elles réveillent aussi la phobie et l'appétit de son voisin, l'Arabie saoudite qu'inquiète toujours plus la rébellion des Houthis, eux-mêmes toujours plus proches de l'Iran. Ces derniers gagnent du terrain. L'entrée en septembre 2014 de leur chef militaire, Saleh Ali al-Sammad, dans Sanaa préfigure la fuite en mars 2015 du président Abd Rabbo Mansour Hadi à Riyad. La conjonction de ces événements va donner l'occasion au dauphin de la pétromonarchie, Mohammed ben Salmane, de se montrer l'égal de son grand-père le roi Abdelaziz. Pour rappel, en 1934,

1. Inès Daif, « Au Yémen, le *street-art* entre en guerre », *Le Figaro*, 29 octobre 2016.

2. « Yémen : Prix Nobel de la paix, Karman critique la coalition, son parti la suspend », *RFI*, le 4 février 2018.

n'avait-il pas occupé le Yémen et, grâce accords de Taëf, annexé les provinces limitrophes de Jizan, de Najran et de l'Assir, riches de surcroît en pétrole[1] ?

Or, près d'un siècle plus tard, l'Arabie saoudite n'en a pas fini avec sa volonté de dominer son voisin. Elle entend se ménager un accès direct au golfe d'Aden et à l'océan Indien. Elle veut aussi contrôler le détroit de Bab al-Mandeb au large de Djibouti qui ouvre la voie vers la mer Rouge et qui continue, depuis le XIXe siècle, à attiser les convoitises et concurrences internationales. Enfin, comme il ne lui est pas arrivé depuis longtemps, elle se confronte à l'expansion de son ennemi ancestral, l'Iran, lui-même en ébullition depuis la révolution khomeyniste de 1979. De chacun de ces mouvements géopolitiques, le Yémen constitue le pivot.

L'enjeu est aussi économique. Selon l'Energy Information Administration (EIA), l'organisme fédéral américain qui dresse un état mondial des ressources énergétiques, le sol yéménite abonde en hydrocarbures et dispose de réserves colossales en gaz naturel[2]. C'est là une raison de plus pour que le Yémen excite l'appétit de l'ogre saoudien qui a fini par comprendre que sa propre rente ne serait pas éternelle. L'excuse pour entrer en guerre est toute trouvée. Elle a pour

---

1. La question de la définition des frontières entre les deux pays reste à ce jour d'actualité comme y insiste à raison le dernier rapport sénatorial en date : « Yémen : l'Arabie heureuse en mouvement », *senat.fr*, mars 2020.

2. Selon le *Yemen Country Analysis Brief* établi le 25 septembre 2014 par la banque de données de l'IEA ; voir également Alexander Metelitsa, « Oil trade off Yemen coast grew by 20 % to 4,7 million barrels per day in 2014 », *iea.gov*, 23 avril 2015.

nom la sécurité de la région et pour clé, la malédiction régionale que représente la fausse bénédiction de l'or noir[1].

À l'instar des temps anciens, il est impossible aux cavaliers arabes de laisser s'accroître l'influence des légions perses sur un pays qu'ils considèrent comme leur chasse gardée[2]. Après ses gains au Liban, en Irak et en Syrie qui ont conforté l'arc chiite, l'Iran, bastion des ayatollahs, ne saurait gangrener la péninsule arabique et menacer un peu plus le sanctuaire des oulémas wahhabites. Pour Riyad, les Houthis ne sont jamais que les marionnettes de Téhéran. Aujourd'hui, ils attisent l'instabilité persistante du Yémen dont atteste une nouvelle fois l'échec du gouvernement Hadi. Demain, leur influence peut s'étendre au-delà des frontières, perturber les pays du Golfe et provoquer une crise internationale du marché des énergies fossiles, leur première source de revenus.

C'est donc un conflit indirect, déplacé sur un théâtre tiers, que projette de mener MBS, pompier pyromane dont le but secret est de se rendre ainsi incontournable sur la scène géopolitique. La tentation est d'autant plus grande que ce n'est pas la première fois que l'Arabie saoudite instrumentalise le Yémen afin de s'y livrer à une guerre par procuration. Hier, il s'agissait de contenir l'Égypte. Aujourd'hui, il s'agit d'endiguer l'Iran[3].

L'impulsion fiévreuse qui agite le jeune prince l'aveugle sur le fait que les temps se suivent mais ne se ressemblent

---

1. Georges Corm, « Le pétrole a fait le malheur du monde arabe », *L'Atlas Un monde à l'envers, Le Monde diplomatique*, p. 108-109.
2. Lara Al-Raisi, *Iran-Arabie saoudite : le choc des titans*, Erick Bonnier Éd., 2018.
3. François Nicoullaud, « Les ambitions tranquilles de l'Iran », *Orient XXI*, 29 juin 2014.

pas. L'équation paraît facile sur le papier : le pays arabe le plus riche entre en guerre contre le pays arabe le plus pauvre. Pourtant, ce sera David contre Goliath. La disproportion des moyens engagés semble acquise : des bombes contre des fusils. Pourtant, ce sera un de ces conflits modernes où la détermination du faible profite de l'indétermination du fort. Afin de gagner une guerre, il ne suffit pas de maîtriser le ciel, encore faut-il avoir des soldats prêts à se battre sur le terrain et à y mourir car, ainsi que le disait Bonaparte, « en guerre comme en amour, pour en finir, il faut se voir de près ».

Les dollars ne suffiront pas pour l'emporter, mais ce ne sera pas faute d'en avoir dilapidé. En 2014, la pétromonarchie wahhabite est déjà le premier pays importateur d'armes au monde. L'année 2015 marque un nouveau bond dans son budget militaire. Selon le rapport annuel de la CIA sur l'état de la planète, les dépenses du royaume dans le domaine de la défense culminent alors à 13,3 % de son PIB[1]. Par comparaison, sur le même exercice, quitte à ce que je ravive la plainte récurrente de nos états-majors, la France y consacre 1,8 % du sien. Ou, pour le dire en valeur brute, quand l'Iran débourse 8 milliards de dollars et Israël 18 milliards à cette même ligne, pour n'évoquer que ces deux pays où l'armée est au cœur de la nation, ce sont 76,7 milliards qu'y dédie l'Arabie saoudite. Un chiffre qui traduit à la fois le caractère aussi angoissé que belliqueux du régime, mais aussi son défaut d'investissement dans une authentique politique de développement, pourtant indispensable à toute volonté de réforme. Le budget saoudien pour l'exercice 2015 a beau être déclaré « record » en termes

1. Central Intelligence Agency, « Yemen », *The world fact book,* 2015, *Cia.gov.*

d'éducation et de santé, les pourcentages sont éloquents : la « sécurité » en absorbe plus de 36 %[1].

Un arsenal dernier cri et hors du commun payé *cash* créé ainsi l'illusion de la puissance. Jusqu'à quel point le prince héritier feint-il d'ignorer que son armée n'est guère préparée à un quelconque conflit ? Que lui-même est dépourvu d'expérience stratégique ou tactique ? Que tout engagement militaire est hasardeux et que seul compte à la fin le règlement politique qui doit le suivre ? Il m'est impossible d'en juger même si l'évidence commanderait qu'il s'interroge sur chacun de ces secrets de polichinelle – sa troupe défaillante, son impréparation dangereuse, son empressement décontenançant.

Ce que MBS sait, c'est qu'il doit imposer cette guerre pour s'imposer. Là encore, le calcul sur le papier apparaît simple. Il lui sera aisé de fédérer ses partenaires arabes, de les obliger à le suivre dans cette aventure en agitant le péril iranien. Il ne lui sera pas difficile d'engranger le soutien de l'allié de toujours des Saoud, les États-Unis, de profiter du flou diplomatique qu'entretient l'administration Obama en attendant l'appui que lui accordera l'administration Trump[2]. Il lui faut cette guerre pour rendre irréversible sa conquête du pouvoir absolu.

Le jeune fils d'un vieux roi qui mate une rébellion au sein d'un voisinage troublé, qui restaure l'ordre légal au sein d'un pays livré au chaos, qui endigue un rival problématique pour

---

1. Government Publications, « Saudi Arabia - record budget for 2015 », Royaume-Uni, 5 janvier 2015, *gov-uk*.

2. Shireen Al-Adeimi, « As war on Yemen hits the 4-Year mark, here's a brief history of U.S. involvement », *In These Times*, 25 mars 2019.

la communauté internationale et qui s'illustre comme le bras armé du camp occidental : l'idée semble si bonne qu'elle ressort géniale, excitante, irrésistible. Elle permet même au passage de se débarrasser définitivement des opposants et des rivaux. Entrer à même pas 30 ans dans l'histoire ! Comme son auguste ancêtre, Ibn Saoud, le second refondateur du royaume wahhabite sera autant un chef de peuple qu'un chef de guerre. Le plan est simple : remporter une victoire rapide et décisive pour confirmer sa stature de prétendant, pour légitimer qu'il est déjà souverain. Ou, dans les termes de ces jeux vidéos que MBS affectionne, devenir le *God Game* d'un *Beat them all* planétaire.

S'il n'y a qu'un pas de l'impétuosité à l'arrogance, il a été franchi le jour où ce fantasme est devenu réalité. Après qu'il aura déclenché sa guerre, on verra Mohammed ben Salmane apparaître sur les photographies officielles entouré de généraux, examinant des cartes, inspectant un hélicoptère et portant même un casque de pilote d'avion alors qu'il est assis à l'arrière d'un appareil de transport militaire[1]. Le guide suprême, c'est lui.

Regardant ces images de propagande rebattues, j'avoue avoir pensé avec malice à la consternation qu'elles ont pu susciter chez ses confectionneurs d'image new-yorkais ou parisiens. Mais « quand Jupiter veut perdre un homme, il lui ôte la raison », prévient judicieusement l'adage latin. Âgé de seulement vingt-neuf ans et ministre de la Défense depuis à peine trois mois, le généralissime improvisé va accumuler les erreurs stratégiques. Et rien ne va se passer comme il l'a prévu.

1. Peter Salisbury, « Why Yemen's civil war is personal for Mohammed bin Salman », *Slow Jounalism.com*, 2 novembre 2018.

La première erreur de MBS est de penser que l'armée saoudienne, dotée d'armes parmi les plus sophistiquées, ne peut qu'écraser une horde de féodaux qui paradent en brandissant de vieilles kalachnikovs. Or, le prince héritier semble méconnaître l'histoire de la région, y compris les pages les plus récentes. Il sous-estime les Houthis qui, ancrés dans les hauts plateaux du Yémen, sont des combattants redoutables. Il néglige le fait que le président Saleh a tenté à plusieurs reprises de les soumettre par la force et n'y a jamais réussi. Il oublie qu'en 2009, ils ont pénétré en territoire saoudien et pris d'assaut le port de Jizan sur la mer Rouge pour enrayer le soutien de Riyad aux forces de Saleh[1]. Et que l'opération Terre brûlée, menée en représailles par la monarchie wahhabite, a été si déficiente qu'elle a préparé la chute du vice-ministre de la Défense d'alors, Khaled ben Sultan, pourtant prince de sang et membre influent de la Maison des Saoud[2]. Enfin et surtout, Mohammed ben Salmane ne prend pas en compte le rôle important que jouent les Houthis contre Al-Qaida dans la péninsule arabique : or, bien que sunnite, cette organisation djihadiste se trouve instrumentalisée à l'occasion par Téhéran en raison de l'inimitié qu'elle voue à la monarchie saoudienne[3].

---

1. Marieke Brandt, *Tribes ans politics in Yemen : the houthi conflict*, Oxford University Press, 2017. Le chapitre 6, « The langage of war, 2006-2011 », dresse le tableau des ingérences de l'Arabie saoudite sur cette période.

2. « Factbox: Roots of Yemen's conflict with northern rebels », *Reuters*, 30 janvier 2010.

3. Laurent Amelot et Caroline Gardet, « La péninsule Arabique dans la "stratégie Sud" de l'Iran : l'enjeu yéménite », *Outre-Terre*, vol. 28, no. 2, 2011, p. 447-462.

Deuxième erreur, MBS, faute de troupes, opte pour un usage intensif des forces aériennes qu'il juge optimal en agitant de grandes références stratégiques. Le prince héritier aime à rappeler qu'il admire Winston Churchill et déclare volontiers qu'il a pour livre de chevet les *Mémoires* du vieux lion britannique[1]. Peut-être les a-t-il lus, mais en toute hypothèse pas assez. Ministre de la Guerre en 1919, Churchill se confronte d'une part à la réduction drastique du budget militaire et, d'autre part, à la forte hostilité qu'éprouve l'opinion publique à ce que des *Tommies* versent leur sang dans de lointains conflits coloniaux. Instruit par le développement sans précédent de l'aviation au cours de la Première Guerre mondiale, il va suivre les recommandations du colonel Thomas Edward Lawrence, plus connu sous le surnom de Lawrence d'Arabie mais moins humaniste que sa légende ne laisse supposer : des raids ininterrompus frappant depuis le ciel des insurgés insaisissables au sol auront pour effet de désolidariser d'eux « les populations sauvages qui s'en trouveront profondément démoralisées[2] ». Churchill théorisera donc les bombardements intensifs comme un élément compensateur de la baisse des effectifs engagés sur le terrain pour contrôler de vastes espaces peu peuplés. En pratique, il réprimera ainsi les soulèvements qui, en Afrique de l'Est et au Moyen-Orient, viendront fragiliser l'Empire : le contingent de la Royal Air Force qu'il établira en Mésopotamie éteindra une

1. Winston Churchill, *Mémoires de guerre, tome 1 : 1919 - Février 1941*, traduit de l'anglais par François Kersaudy, Tallandier, 2009.

2. Daniel Ussishkin, *Morale: A Modern British History*, Oxford University Press USA, 2017, p. 83-86.

à une les rébellions surgissant au Somaliland, au Kurdistan ou encore au Waziristan[1].

Un exemple à suivre ? Mohammed ben Salmane devrait mieux lire les œuvres du prix Nobel de littérature 1953 qui, de son propre aveu, aurait eu plus de mal à recevoir celui de la paix. Lors de la Seconde Guerre mondiale, l'Allemagne nazie privilégie les raids massifs avant que les Alliés ne les retournent contre le IIIe Reich. Au lendemain du déluge de feu répandu sur Dresde sans restriction, Churchill confie dans un télégramme secret : « Il me semble que le moment est venu où la question du bombardement intensif des villes allemandes devrait être examinée du point de vue de nos intérêts propres. Si nous prenons le contrôle d'un pays en ruines, il y aura une grande pénurie de logements pour nous et nos alliés. Nous devons veiller à ce que nos attaques ne nous nuisent pas, sur le long terme, plus à nous-mêmes que ce qu'elles nuisent à l'effort de guerre de l'ennemi[2] ». Cette analyse cynique est d'une terrible justesse. Winston Churchill la résumera d'une formule plus positive en déclarant : « Une telle stratégie peut autant mettre fin à une guerre qu'à une civilisation. »

Si la tragédie du Yémen m'émeut en chaque part de mon être, elle fait bouillonner en moi la juriste. Aussi est-il bon que je précise ici, dans la suite de la prise de conscience tardive de Churchill, en quoi elle allie le droit à l'éthique. Deux domaines moins distincts qu'on le croie dès lors que

---

1. Patrick Deer, *Culture in Camouflage: War, Empire, and Modern British Literature*, Oxford University Press, 2009, p. 66-85.

2. Frederick Taylor, *Dresden : Tuesday, 13 February 1945*, HarperCollins, 2004, p. 432-433.

l'on touche aux affaires publiques – et donc à une certaine idée du bien commun. Venue de l'Antiquité chrétienne, la doctrine de la guerre juste structure depuis les Temps modernes le droit international dans le domaine des conflits. Elle intègre depuis 1945 l'exposition des populations civiles aux attaques aériennes concentrées dites de « saturation », d'« oblitération » ou de « zone » que les Américains appelleront plus prosaïquement au Vietnam *carpet-bombing* ou « tapissage de bombes »[1]. Depuis 1977, le premier Protocole additionnel à la Convention de Genève en prohibe l'usage, ce qui le constitue crime de guerre[2]. Il a été ratifié par l'Arabie saoudite le 21 août 1987. Un engagement signé qui ne semble pas valoir, toutefois, lorsqu'il s'agit de bombarder massivement le Yémen.

Contraire à la morale et à la loi, une telle stratégie est de plus inefficace. Pire encore, elle aboutit à l'inverse du résultat escompté. Jusqu'ici, les guerres à distance portées par des armes toujours plus sophistiquées se sont invariablement soldées par des échecs. Elles permettent certes de satisfaire l'opinion publique peu encline à voir de jeunes soldats mourir sur des théâtres d'opérations extérieures. Mais, contrairement à ce que pensait Lawrence, elles ont l'inconvénient de souder les populations victimes de ces frappes indiscriminées et de les rendre solidaires d'insurrections qu'elles n'auraient pas nécessairement soutenues.

---

1. C'est un théologien qui a le premier dénoncé cette pratique : John C. Ford, « The morality of obleration bombing », *Theological studies*, 5 mars, 1944, p. 261-273.

2. Premier protocole additionnel à la Convention de Genève, chapitre II article 5, 8 juin 1977, *ihl-databases.icrc.org*.

Ainsi, au Yémen, pour les populations du Nord, les Houthis en sont venus à incarner la résistance face à l'envahisseur.

Une autre ombre s'ajoute à ce tableau déjà noirci et c'est le mercenariat. Bien que sous l'égide de MBZ les Émirats se veuillent « la Sparte du Golfe[1] » et que MBS dispose de la pléthorique garde royale des Saoud, la coalition, malgré ses milliards de dollars, n'a pas pu constituer une force d'intervention terrestre suffisante. Au fil des semaines s'est ainsi dessinée puis cristallisée l'idée d'une guerre qui devait être sans risque pour les sujets des opulentes pétromonarchies. Qu'il s'agisse de construire des infrastructures ou de contenir les rébellions, les despotes arabes ne connaissent qu'une méthode : faire appel à la main-d'œuvre étrangère. Elle vaut pour passer l'aspirateur dans le salon comme pour combattre l'adversaire sur le terrain. D'où leur emploi de supplétifs comme c'est le cas en Syrie ou en Lybie et plus encore au Yémen, seul front où leur engagement n'est pas indirect.

Les premiers mercenaires employés sur le sol yéménite sont issus des pays pauvres de l'Afrique subsaharienne. Recrutés par milliers, ils sont déployés en première ligne par les états-majors, les princes qui y pullulent voyant en eux de la chair à canon. Et ce, non sans s'en justifier par un racisme de peau malheureusement répandu dans le Golfe. Après avoir pressé Barack Obama de dépêcher des GI sur place pour conforter l'effort de guerre et avoir essuyé son refus, MBS aurait rétorqué qu'il enverrait des « *Blacks* » mourir sur le

---

1. Laurence Daziano, « Le nouvel impérialisme des Émirats arabes unis », *Le Figarovox*, 8 août 2018.

front[1]. J'éprouve de la nausée devant cette arrogante façon de réveiller le souvenir de la Traite dans une région qui n'en a toujours pas fini avec l'esclavage.

Dès 2015 et le début du conflit, un rapport de l'ONU mentionne la présence de 400 soldats érythréens sous commandement émirati[2]. Leur nombre va vite doubler. Or ce recrutement viole l'embargo que le Conseil de sécurité a imposé à Asmara de 2009 à 2018. Autocrate et va-t-en-guerre, le dictateur Isaias Afwerki, au pouvoir depuis l'indépendance proclamée contre l'Éthiopie en 1993, a été sanctionné pour ses actions déstabilisatrices dans la Corne de l'Afrique, qu'il s'agisse de ses escarmouches frontalières avec Djibouti et Addis-Abeba ou de son soutien militaire au mouvement djihadiste Shehab à Mogadiscio. Le régime de fer sous lequel ces mercenaires érythréens ont grandi, que les organisations humanitaires internationales qualifient de totalitaire, leur a appris l'obéissance aveugle aux ordres et l'indifférence muette aux violences[3]. Autant de qualités, me faut-il le souligner, pour la coalition.

Ce même automne 2015, les premiers contingents soudanais débarquent dans la péninsule. Selon le *New York Times*, on compte vite près de 14 000 d'entre eux préposés aux sales besognes pour 450 euros par mois[4]. Au fil du temps,

1. L'échange est rapporté par Georges Malbrunot, grand reporter au *Figaro*, dans le film d'Antoine Vitkine, *MBS, prince d'Arabie*, France 5, 2020.

2. Ilya Gridneff, « Saudi Arabia, U.A.E Paying Eritrea to Back Yemen Fight, UN Says », *Bloomberg.com*, 5 novembre 2015.

3. Human Rights Watch World Report 2017, *Eritrea*, *Events of 2016*, *hrw.org*.

4. David D. Lirkpatrick, « On the front line of the Saudi War in Yemen: Child soldiers from Darfur », *The New York Times*, 28 décembre 2018.

ils seront deux à trois fois plus. Pour la plupart, ils fuient une autre guerre, celle du Darfour, dont les ravages ont causé au moins 300 000 morts et jeté sur les routes 1,2 million de réfugiés[1]. Pour beaucoup, ils proviennent des Janjawids, ces milices tribales arabisées et armées par le régime islamiste de Khartoum pour réprimer le Sud chrétien et indépendantiste. Pour presque la moitié, ils ont entre quatorze et dix-sept ans. Mais c'est sans vergogne que la coalition recourt aux enfants-soldats pour venir à bout des Houthis[2].

Érythréens et Soudanais ne sont pas les seuls étrangers. Les dividendes de l'or noir attirent les mercenaires de métier qui viennent des quatre coins du monde dans l'espoir d'être grassement payés. Leurs soldes sont à la hauteur du risque encouru tant les Houthis se montrent d'implacables combattants. La campagne yéménite à peine commencée, les pertes s'accumulent dans leurs rangs. Au tout début décembre 2015, on apprend par un écho qu'un « commandant » australien et les six membres colombiens de son escouade ont été tués lors de l'offensive rebelle sur Mocha[3]. Une semaine plus tôt, la presse américaine a révélé que les Émirats arabes unis ont confié à Academi, ex-Blackwater, la mission de déployer plusieurs centaines de mercenaires au Yémen : ils sont colombiens, mais aussi panaméens, salvadoriens, chiliens et encadrés par des vétérans de l'unité SEAL, la *team* commando de la

1. Gérard Prunier, « Darfour, la chronique d'un "génocide ambigu" », *Le Monde diplomatique*, mars 2007, p. 16-17.

2. À la fin 2019 toutefois, le nouveau Premier ministre soudanais Abdallah Hamdok annonce que le contingent sera réduit à 5 000 hommes en « l'absence de solution militaire » à la guerre du Yémen, déclaration accablante pour MBS et ses alliés, dont Paris ! Voir « Le Soudan confirme le retrait de 10 000 soldats du Yémen », *RFI*, 9 décembre 2019.

3. Michael Safi et Joshua Robertson, « Australian mercenary reportedly killed in Yemen clashes », *The Guardian*, 8 décembre 2015.

Navy mythifiée par la télé et le cinéma US[1]. Que la société militaire privée créée par Erik Prince, lui aussi un ancien des Forces spéciales, ait été condamnée à l'instigation du FBI pour le massacre de dix-sept civils sur la place Nisour à Bagdad le 16 septembre 2007, n'a visiblement pas ému ses commanditaires à Riyad et Abou Dhabi[2]. Non plus que leurs partenaires à Washington, Londres et Paris.

La collusion ira jusqu'à la création d'une base d'entraînement réservée aux supplétifs étrangers dans le désert émirati. Entre-temps, ses recrues sud-américaines ayant été décimées, l'ancienne Blackwater aura passé la main à sa concurrente DynCorp. Valorisée à 1,5 milliard de dollars, cette société militaire privée, qui réalise l'essentiel de son chiffre d'affaires avec le gouvernement des États-Unis, est tout autant controversée pour ses exactions à l'encontre des civils sur les théâtres de guerre, ses « employés » ayant été épinglés entre autres pour leur recours à la prostitution infantile[3]. Mais la coalition ne gagne guère au change et, à son tour, DynCorp s'enlise au Yémen.

Ni MBS, ni MBZ, ou même leurs gardes rapprochées ne sont sur le front. Il faut imaginer, comme il m'arrive de le faire, ces princes, avachis sur des sofas dans leurs palais climatisés, prendre connaissance du déroulement des opérations sur leurs tablettes. La boue, la mitraille, le sang, très peu

1. Emily B. Hager et Mark Mazzeti, « Emirates secretly sends colombian mercenaries to Yemen fight », *The New York Times*, 25 novembre 2015.

2. Matt Apuzzo, « Blackwater Guards Found Guilty in 2007 Iraq Killings », *The New York Times*, 22 octobre 2014.

3. Jason Linkins, « WikiLeaks reveals that military contractors have not lost their taste for child prostitutes » *Huffington Post*, 12 août 2010.

pour eux, ou alors seulement virtuels. Leur guerre par procuration est aussi bien une guerre par délégation. Le premier vrai conflit dans lequel s'est jeté l'Arabie saoudite était censé illustrer son émergence sur la scène internationale en tant que grande nation, dotée de tous les attributs de la puissance. Elle donne un spectacle de profonde impuissance dans lequel elle s'enfonce jour après jour et auquel rien ne supplée, ni la technologie, ni le mercenariat. Le prince héritier voit se refermer sur lui le piège qu'il croyait avoir tendu. Peut-être lui revient-il qu'un des leitmotivs du cinéma mafieux italo-américain qui le fascine tant est que les affaires ne doivent jamais revêtir un motif personnel. Trop tard. Pour l'histoire, la guerre du Yémen qu'il a voulue restera son échec. Et la victoire dont il a rêvé, une débâcle exemplaire pour toujours associée à son nom.

PUNIR ET DÉTRUIRE

En commençant à bombarder le Yémen, c'est une guerre asymétrique, erreur ultime, qu'a lancée Mohammed ben Salmane. Il a surestimé la force des attaquants, sous-estimé la fierté des agressés, mais il a surtout fait fi du fait que la résilience de tout un peuple luttant pour défendre sa liberté et sa terre peut modifier la nature d'un conflit. Dominer l'air ne signifie pas maîtriser le sol, ni écraser militairement, gagner politiquement. Ce que l'Amérique a amèrement appris avec la guerre du Vietnam. Dans un tel type d'affrontement, la disparité des forces en quantité se heurte à la dissimilitude des engagements en qualité : l'asymétrie accorde un avantage non pas à la guerre choisie mais à la guerre subie, non pas à ceux pour qui les gains espérés sont additionnels mais à ceux pour qui les intérêts vitaux sont menacés, non pas à la possession d'un armement supérieur mais à la connaissance intime du terrain[1]. Le soldat régulier saoudien ou émirati qui a été expédié au Yémen veut revenir entier chez lui et, *a fortiori*, le mercenaire d'une société internationale de sécurité : aucun des deux ne met à égalité dans la balance sa solde et sa vie. Pour le combattant irrégulier, le résistant, le guérillero, renoncer est pire que mourir. Et tel est le cas des Houthis.

---

1. Christian Bühlmann, « Le concept d'asymétrie : une plus-value pour comprendre les conflits modernes », *Stratégique*, 2, 2012, p. 229-268.

Dès le début de l'intervention, ce sont des dizaines de commandos, l'élite de l'armée émiratie, qui tombent au combat tandis qu'en un seul assaut à la roquette, tout un détachement de soldats saoudiens et bahreïnis est anéanti[1]. Les Houthis attaquent les convois de blindés comme les postes fortifiés, apparaissant et disparaissant à la faveur de raids meurtriers. La logique de la guérilla leur est instinctive : ils renforcent leur arsenal en dépouillant l'ennemi et s'attachent à faire des prisonniers qui leur servent à rançonner et à démoraliser le camp adverse. Quant à la population, elle les seconde ou elle les redoute. Les gagnants de la guerre psychologique, ce sont eux. Ce qui leur a permis de passer peu à peu d'une tactique de harcèlement à une stratégie de conquête[2].

Côté combat, la rébellion n'est certes pas composée d'enfants de chœur, je le sais. Les tribus yéménites ont une culture belliqueuse qui peut virer au culte de la violence et je ne l'ignore pas plus. Traditionnellement fournies en armes légères, elles ont profité de l'instabilité qui a précédé la guerre pour se doter de matériels lourds ou sophistiqués. Avec le temps, les milices issues de leurs rangs, jugées hâtivement novices, se sont organisées et elles ont su, surtout, exploiter les failles des professionnels présumés du camp adverse. Le jusqu'au-boutisme auquel les a forcés la coalition explique leurs gains. La constitution d'un véritable attirail militaire a fait le reste.

---

1. « Yémen : les Émirats annoncent la mort de "plusieurs" de leurs soldats », *Le Monde* avec l'*AFP*, 4 septembre 2015.

2. Michael Knights, « The Houthi war machine: from guerrilla war to state capture », The Washington Institute, *washingtoninstitute.org*, septembre 2018.

À l'automne 2014, lors de leur entrée dans Sanaa avec l'aide des troupes fidèles à Saleh, les Houthis se sont emparés des stocks de l'armée régulière. Au printemps 2015, ils se sont saisis à temps des dépôts que la coalition se préparait à détruire. Par la suite, ils ont accumulé des prises considérables, dont des chars et des missiles. Selon le général Abdou Majli, environ 90 % de leurs moyens logistiques proviennent de ces « pillages », mais le porte-parole de l'état-major loyaliste fait l'impasse sur la corruption qui règne au sein du pouvoir officiel et qui alimente le marché noir en armements de toutes sortes, y compris de haute technologie[1]. Enfin, la rébellion a su contourner le blocus par la fabrication locale de roquettes et de drones. Le trafic international, secondé par l'Iran, et le *dark web* ont fait le reste. Les coups portés à l'envahisseur sont terribles. Surtout, ils ne faiblissent pas.

Que pense MBS de la déconfiture qu'inflige cette horde qu'il a estimée sous-équipée à son armada qu'il a crue surdimensionnée ? Qu'il est temps d'arrêter la casse ? Non. Sa réaction va être : « Lâchons encore plus de bombes, éradiquons la résistance à tout jamais ». Le prince héritier jure même que les campagnes aériennes se poursuivront pendant que les rebelles, réduits à rien, n'auront plus eu d'autre choix que de s'asseoir à la table des négociations pour y signer leur reddition sans condition. Les Houthis ne cessent de proclamer le contraire : jamais ils ne capituleront, à aucun prix, ni ne demanderont pitié[2]. Avec le recul, l'illusion dans laquelle le

1. « Au Yémen, la résilience inattendue des rebelles », *AFP*, 2 décembre 2018.

2. Et ce, y compris aux pires moments, comme lors de leur encerclement à Hodeïda : « Houthi chief vows to "not surrender" as rebels lose ground », *Al Jazeera*, 2 novembre 2018.

dauphin s'est enfermé ressort encore plus cruelle. Ne serait-ce la tragédie, elle apparaîtrait digne d'un matamore.

C'est sa guerre, comme il en va d'un caprice pour un enfant, que mène le jeune ministre de la Défense. La sienne, celle de personne d'autre. Le mercredi 25 mars 2015, à Riyad, un communiqué du cabinet royal, dirigé par MBS annonce abruptement l'opération Tempête décisive. Au même moment, à Washington, l'ambassadeur Abdallah ben Fayçal Al Saoud, lui-même soudayri et son cousin germain, tient une conférence de presse pour confirmer cette annonce. Les avions ont déjà décollé de leur base et commencé à bombarder le Yémen. Ils sont exclusivement saoudiens car les membres de la coalition n'ont pas été prévenus dans les temps pour interagir. Précipitation ? Non, préemption.

Peu importe. Qatar, Bahreïn, Koweït, Émirats arabes unis, Égypte, Jordanie, Soudan, Maroc : les pays qui apportent leur soutien à l'aventure périlleuse dans laquelle les entraîne le royaume wahhabite s'abstiennent de protester. Lors de son sommet de Charm el-Cheikh les 28 et 29 décembre 2015, la Ligue arabe emboîte le pas : les résolutions adoptées portent moins sur la situation intérieure du Yémen que sur l'expansion régionale de l'Iran et sur la nécessité d'une force militaire conjointe pour l'enrayer[1]. La ligne MBS triomphe.

Entre-temps, la coalition a obstinément poursuivi son plan : détruire les centres de commandement, les voies logistiques ainsi que les entrepôts d'armement de la rébellion, qu'ils soient détenus par les milices d'Al-Houthi ou de Saleh, et imposer un strict embargo sur les ports yéménites

1. Hélène Sallon, « La Ligue arabe crée une force anti-Téhéran », *Le Monde*, 25 mars 2015.

afin d'empêcher le ravitaillement militaire iranien. Mais, de « Tempête » dégonflée en « Espoir » démenti, elle a au mieux accumulé les charniers de civils creusés par les bombardements et la famine. Ni le pays n'est restauré, ni les factions ne sont vaincues. Au contraire. Le Yémen a tourné à l'enfer sur Terre. Désormais, au sein des coalisés, désillusion et démoralisation riment à l'annonce des déboires quotidiens.

Malgré sa puissance de feu, sa maîtrise du ciel, son contrôle des eaux, l'imposante armée arabo-sunnite n'a pas réussi à remporter une seule victoire claire. Les rebelles houthis lui tiennent tête en s'appuyant sur leur tradition guerrière, leurs alliances tribales, leur décision de résister quel qu'en soit le prix. Ainsi que le souligneront les chercheurs de l'*International Crisis Group* : « Il y a un consensus parmi les responsables de la coalition, les responsables occidentaux et les analystes pour dire que les Houthis sont ingénieux, engagés, expérimentés, impitoyables et que les combattants de base sont susceptibles de se battre jusqu'au dernier homme s'ils sont appelés à le faire[1]. » À leur tour, à l'instar des Américains face aux Viêt Minh, des Soviétiques face aux Talibans, les Saoudiens et leurs alliés expérimentent la sidération du fort défait par le faible. Et comme leurs prédécesseurs, ils la compensent en redoublant rageusement leur *carpet-bombing*.

En cinq ans, de mars 2015 à mars 2020, la flotte de la coalition a compris jusqu'à cent quatre-vingts avions de combat, chasseurs et bombardiers : cent saoudiens, trente émiratis, quinze bahreïnis, quinze koweïtis, dix qataris,

1. « Politics, governance, and reconstruction in Yemen », *Project on Middle East Political Science*, n° 29, et *crisisgroup.org*, janvier 2018.

une petite dizaine provenant des autres pays alliés et, sur la même période, environ 1850 jours, elle aura accompli plus de 20 800 frappes, soit une moyenne quotidienne de dix raids[1]. À quoi il faut ajouter un nombre proportionnel d'hélicoptères surarmés. Enfin, cette capacité destructrice dans les airs est appuyée au sol par un faramineux arsenal d'artillerie, missiles, canons, mortiers, et de cavalerie, chars et blindés. Pour quel bilan ? Des hôpitaux, des écoles, des marchés, des mosquées, des fermes, des usines, des ponts, des monuments pulvérisés et une rébellion plus que jamais debout.

Surtout, le faible humilie le fort. Au début 2018, les experts considèrent que les huit avions déclarés perdus par la Royal Saudi Air Force depuis le début du conflit ne se sont pas « écrasés à la suite d'une défaillance technique » comme le veut la version officielle, mais ont été abattus en plein vol par les Houthis[2]. Nul doute que les États-Unis, le Royaume-Uni et la France y ont vu une aubaine pour remplir à nouveau leurs carnets de commande : il s'agissait de quatre F-16 et d'un F-15 S, d'un Typhoon et d'un Tornado ainsi que d'un Mirage 2000-9, tous fraîchement sortis de leurs usines respectives – on croirait lire l'affiche tapageuse d'un grand salon d'aéronautique vantant la suprématie des industries occidentales d'armement !

MBS ne fait pas qu'échouer à gagner la guerre qu'il a déclarée. Il entraîne ses alliés et ses fournisseurs dans une course à l'abîme. La coalition aura à justifier le désastre

---

1. Selon l'organisme indépendant de documentation Yemen Data Project : « Airwar », *yemendataproject.org*, avril 2020.

2. Laurent Lagneau, « Yémen : La coalition dirigée par l'Arabie saoudite a encore perdu un avion de combat », OPEX360, *opex360.com*, 8 janvier 2018.

humanitaire qu'elle a causé, particulièrement en étendant le blocus à l'importation des biens de première nécessité comme les denrées alimentaires, les matériels médicaux et les produits combustibles. Dans la mesure où ces actes contribuent à priver la population civile des moyens indispensables à sa survie, ils tombent sous le coup de la prohibition, dans le droit international humanitaire, d'instrumentaliser la famine comme méthode de guerre. Ce que finit par dénoncer un rapport de l'organisation Programme alimentaire mondial (PAM) entériné par les Nations unies[1].

L'analyse des campagnes de bombardements montre que les sites liés à l'alimentation constituent la troisième cible stratégique de l'Arabie saoudite et des Émirats arabes unis. Exploitations agricoles, ports de pêche, fabriques de conserverie et d'embouteillage, silos à grain et meuneries, stocks de légumineuses, boulangeries, épiceries et marchés ouverts : 1 140 frappes ont ciblé directement la production et l'approvisionnement en nourriture du pays, mettant en danger la survie de huit Yéménites sur dix alors qu'ils auront eu à subir entre-temps une épidémie de choléra aggravée par la destruction des réservoirs d'eau potable[2].

La coalition est également accusée par les observateurs de recourir aux doubles frappes, lesquelles sont proscrites parce qu'elles touchent indistinctement les forces militaires et les populations civiles. Et aussi, comme si tout ce qui précède ne suffisait pas, d'utiliser d'armes à sous-munitions : ces conteneurs explosifs, qui répandent des projectiles sur une vaste

1. « Yémen : 8 millions de personnes au bord de la famine », *news.un.org.*, 16 octobre 2018. Un chiffre qui n'a pu que s'aggraver depuis.
2. Global Conflict Tracker, « War in Yemen », *cfr.org.*, 30 avril 2019.

surface au détriment des populations civiles, ont été interdits en 2008 par la Convention d'Oslo qu'aucun des pays de l'alliance arabo-sunnite n'a signée mais qui est largement reçu par la communauté internationale[1].

Quand bien même les Saoudiens et leurs alliés ratifieraient les grands traités, encore faudrait-il que ce ne soit pas pour la galerie. Selon les organisations humanitaires, les forces d'occupation au Yémen bafouent, au sens littéral, les droits de l'homme : elles s'en moquent et agissent en toute impunité, comme s'ils n'existaient pas. Particulièrement au sein du système carcéral qui est entre les mains des Émiratis : les opposants détenus dans la prison de Bir Ahmed II à Aden-Bureiqa sont réputés être soumis à la torture et subir pendaisons, électrocutions, sévices sexuels au gré des humeurs de leurs geôliers, supposément encadrés par des officiers américains[2]. D'autres lieux d'incarcération, tenus secrets, sont abrités dans d'anciens complexes industriels abandonnés comme celui de Balhaf, près du Golfe d'Aden, qui appartient en titre à la société pétrolière française Total[3].

Quand la coalition ne torture pas, elle bombarde les prisons qui ne sont pas sous son contrôle et détenus, gardiens, visiteurs meurent broyés ou étouffés sous les gravats. Une seule frappe sur un centre carcéral dans la localité de Dhamar a fait ainsi plus de cent morts selon le bureau du Comité

---

1. Bureau des affaires du désarmement, Organisation des Nations unies, « Convention sur les armes à sous-munitions », *un.org*.

2. Maggie Michael, « In Yemen's secret prisons, UAE tortures and US interrogates » et « Detainees held without charges decry Emiratis' sexual abuses », *The Associated Press*, 22 juin 2017 et 21 juin 2018.

3. Louis Imbert, « Un site de total utilisé comme prison au Yémen », *Le Monde*, 7 novembre 2019.

international de la Croix-Rouge à Sanaa[1]. Cibler des sites où les personnes sont retenues captives et dont elles ne peuvent pas fuir, si ce n'est pas un crime de guerre, qu'est-ce donc ?

Loin de moi, cependant, l'idée que les rebelles houthis témoigneraient d'un irénisme inné, d'un pacifisme et d'une tolérance, qu'ils seraient de pures victimes et ne seraient responsables d'aucun méfait. Eux aussi commettent des crimes de guerre. On sait qu'ils ont planté des champs de mines antipersonnel autour des zones sous leur contrôle afin d'en garantir le périmètre, comme c'est le cas pour la ville portuaire de Hodeïda qui est essentielle à l'approvisionnement alimentaire, mais aussi militaire de la rébellion. Imad, Alia, Abdallah, âgés de six ou sept ans, figurent parmi les innombrables gamins et fillettes défigurés, amputés, paralysés pour avoir mis le pied là où il ne fallait pas[2]. On sait également que, contre indemnité versée aux parents, ils enrôlent de force les enfants des familles démunies pour en faire des soldats : ils seraient 18 000 dans ce cas[3].

Pire encore, les Houthis se sont radicalisés sous l'influence des mollahs iraniens, mais aussi par mimétisme avec les djihadistes de l'AQPA et les fondamentalistes d'Al-Hirak. Naguère zaydites, ils veulent désormais instaurer un régime islamiste dont, une nouvelle fois, les femmes seront les

---

1. « Red Cross confirms Saudi coalition bombed detention facility in Yemen, over 100 'presumed killed », *The Washington Post*. 2 septembre 2019.

2. « Les mines, autre fléau de la guerre au Yémen » et « Au Yémen, Abdallah, 7 ans, victime des mines », *Le Point* avec l'*AFP*, le 2 octobre et le 6 décembre 2018.

3. « Au Yémen, les soldats sont aussi des enfants », *francetvinfo.fr*, 20 décembre 2018.

premières victimes. Je ne puis les exonérer de cette dérive à laquelle ils adhèrent désormais en nombre grandissant, mais elle est aussi à porter au bilan des monstruosités que la coalition a précipitées en déclenchant un cycle apocalyptique.

En définitive, comme son adversaire, la rébellion est prête à mener une guerre illimitée et n'envisage de paix qu'à ses conditions. Depuis leur sanctuaire montagneux, les Houthis parient sur le fait qu'un conflit long finit toujours par leur profiter. En signe de leur fermeté, ils sont allés, le 4 décembre 2017, jusqu'à assassiner leur allié Saleh et se priver du soutien de ses fidèles. En preuve de leur détermination, le 14 septembre 2019, avec le concours ou non des Pasdarans, ils ont élargi le théâtre des opérations au reste de la région par leur attaque de drones sur le sol saoudien : la destruction d'Abqaiq et Khurais, deux plateformes cruciales pour Aramco, a provoqué un emballement du cours international du pétrole et a ainsi rappelé le Yémen au souvenir de la planète[1]. Surtout, les Houthis ont su ajouter un volant politique à leur résistance armée en convaincant les Yéménites qu'ils sont les seuls interlocuteurs crédibles face à l'envahisseur afin de lui imposer un règlement équitable du conflit.

Les chefs de la coalition arabe et leurs alliés occidentaux refusent une telle perspective parce qu'ils y voient la main de l'Iran et une avancée potentielle de plus au bénéfice du régime des mollahs. Ils devront cependant se résoudre à négocier. Pourquoi ? Parce d'une part, l'influence de Téhéran

1. Anthony Audureau, « Guerre, pétrole, Yémen… tout comprendre sur les attaques de drones en Arabie saoudite », *Cnews*, 17 septembre 2019.

sur les Houthis n'est pas nécessairement celle qu'ils pensent : ce sont moins des fous d'Allah, je crois, que des forcenés d'indépendance. Et d'autre part, mais là on est dans l'ordre de la certitude, il ne saurait y avoir de règlement viable de la situation yéménite sans une large concertation impliquant tous les acteurs historiques de la région et les grandes puissances qui y ont des intérêts. Au départ, c'est bien la volonté américaine de remodeler de fond en comble le Moyen-Orient au lieu de le stabiliser dans ses équilibres ancestraux qui a fait le lit d'injustice de cette guerre et lui a permis de durer hors de toute raison et mesure.

Malgré les milliards de dollars de bombes déversées par les pétromonarchies sunnites sur le plus impécunieux des États arabes, les insurgés zaydites non seulement n'ont pas été vaincus mais ils ont aussi consolidé leur domination sur le nord du Yémen. Ils ont gardé le contrôle de Sanaa et y ont rouvert diverses institutions publiques pour démontrer leur capacité à gouverner. Les députés qui leur sont acquis tiennent régulièrement des sessions parlementaires et des élections ont eu lieu dans les territoires qui leur sont soumis à la rébellion afin de pourvoir les sièges vacants[1]. Comme si le Nord reprenait une apparence de vie, en dépit de la pénurie chronique des produits de première nécessité.

Dans le Sud, à Aden, perdue par les Houthis, le chaos et l'insécurité ont encore grandi. C'est le règne des chefs de guerre, des escadrons de la mort et des liquidations aveugles. On assassine à tout va comme le 16 mai 2019 lorsque la

---

1. Les partisans d'Hadi finiront par faire de même, mais tardivement. Voir « Yémen : première réunion des élus pro-Hadi en quatre ans », *L'Orient-Le Jour* avec l'*AFP*, 13 avril 2019.

doyenne de l'université des sciences, Najat Ali Moqbel, a été abattue avec son fils et sa petite-fille[1].

Ceux des Sudistes qui avaient soutenu au début la coalition pour chasser les Nordistes ont appris à leurs dépens qu'ils avaient dans l'occupant un maître indifférent à leur sort. Les Émiratis ont établi des bases militaires dans les capitales de chaque gouvernorat méridional, à Aden, à Lahij et à Chabwa, la région d'Hadramaout excitant particulièrement leur convoitise en raison de ses ressources en pétrole et en gaz[2]. Au grand dam des Saoudiens, ils veulent instaurer une sorte de protectorat sur le Sud. Dans tous les cas, leur mainmise sur cette zone s'exerce au détriment de ses habitants et accélère la décomposition du pays.

Après des années d'une tragédie sans nom dont les enfants, les femmes et les vieillards du Yémen ont payé la sanglante addition, la coalition elle-même a commencé de se fissurer sous le poids de ses contradictions, entraînant dans son dévissage son allié américain[3]. Depuis 2015, l'Égypte et la Jordanie ont contribué nominalement ou presque à l'alliance sunnite tandis que le Koweït et Bahreïn y ont pris et y ont gardé une place marginale, leurs opinions publiques étant de surcroît réfractaires à cette intervention. Ces quatre alliés périphériques n'ont pas tardé à réclamer une solution politique. En juin 2017, à la suite de sa mise en quarantaine par les pays du Golfe, le Qatar en est sorti *de facto*.

1. « Yémen : une universitaire tuée à Aden, en proie aux violences », *RFI*, 17 mai 2018.
2. Georges Malbrunot, « Yémen : plongée dans le chaos d'une guerre oubliée », *Le Figaro*, 31 mai 2018.
3. Alexandra Stark, « Mohammed bin Salman's collapsing coalition in Yemen means trouble for Trump », *Foreign Policy*, août 2019.

En février 2019, le Maroc s'en est officiellement retiré et, en décembre 2019, le Soudan a annoncé une diminution drastique de sa participation, prélude à son propre retrait. Entre-temps, au mois de septembre 2019, les Émirats arabes unis ont décidé de réduire la présence de leurs troupes au Yémen et leur contribution à l'effort de guerre : ils annoncent vouloir passer d'« une stratégie militaire à une logique pacifique » et que c'est là désormais leur « axe prioritaire »[1].

Si les princes des pétromonarchies aiment aisément fraterniser, ils révèlent aussi facilement des frères ennemis. MBZ est entré dans le conflit avec d'autres calculs et pour d'autres buts que MBS. Comme lors d'une partie de poker menteur, où l'on feint de miser gros et l'on attend d'avoir réalisé son coup pour ensuite quitter la table, le plus bluffeur des deux l'emporte. L'objectif constant du maître d'Abou Dhabi a été de favoriser le séparatisme du Sud afin de le soumettre à son influence. L'ayant atteint et s'étant imposé comme le vrai marionnettiste du Golfe, il s'est senti libre de lâcher son cadet saoudien[2].

La guerre du Yémen, voulue par un jeune homme pressé par l'ambition et possédé par l'obsession de la gloire, a tourné au bourbier, puis à l'impasse militaire et politique, enfin au naufrage moral et humain. Jusqu'à la coalition qu'il avait réunie et qu'il était censé diriger n'y a pas survécu. Abandonné par ses alliés arabes, Mohammed ben Salmane n'est pas pour autant condamné à une honteuse solitude. Il garde, pétrodollars aidant, de solides amis à Washington, Londres et Paris.

---

1. Daniel Bastien, « Les Émirats entament leur retrait de la guerre au Yémen », *Les Échos*, 12 juillet 2019.
2. Robert F. Worth, « Mohammed bin Zayed's dark vision of the Middle East's future », *The New York Times Magazine*, 9 janvier 2020.

L'INFERNAL TRIO OCCIDENTAL

À Genève, le 3 septembre 2019, les experts indépendants mandatés par le Haut-Commissariat aux droits de l'homme, organe opérationnel de l'ONU, présentent les résultats de leur enquête sur les cinq années de guerre au Yémen. Le rapport de près de trois cents pages porte un titre clair : « Échec collectif, responsabilité collective ». Il n'épargne pas les Houthis, mais il est d'abord dévastateur pour la coalition arabo-sunnite. Il l'est aussi pour les puissances occidentales qui l'ont soutenue.

Les États-Unis, le Royaume-Uni et la France sont pointés du doigt comme étant susceptibles d'être poursuivis au titre de complicité de crimes de guerre et prennent place, du coup, aux côtés de l'Iran. Dans la longue liste des atrocités commises, les charges qui pourraient les impliquer sont accablantes : frappes aériennes à l'aveugle, exécutions et détentions arbitraires, tortures, violences et discriminations sexuelles, instrumentalisations des enfants, entraves à l'aide humanitaire au milieu de la pire crise présente de ce type[1]. Il ne manque aucune des pires transgressions dans ce consternant tableau.

---

1. Haut-Commissariat aux droits de l'homme, « Yémen. Échec collectif, responsabilité collective. Rapport d'expert de l'ONU », *ohchr. org.*, 3 septembre 2019.

Malgré les pressions que l'Arabie saoudite a exercées depuis le début du conflit, le Conseil des droits de l'homme, l'instance représentative en charge de ce domaine au sein des Nations unies, a su résister et a décidé de continuer ses investigations. Elles n'ont pas été faciles puisqu'il s'agit d'une guerre lointaine, complexe et qui se déroule à huis clos. Mais les enquêteurs n'ont pas renoncé. L'heure est aux conclusions : d'une part, plusieurs États membres de la coalition peuvent être tenus responsables de violations du droit international et, d'autre part, divers États alliés de la coalition, d'aide ou d'assistance à la commission de ces violations. Le Conseil a en conséquence établi une liste secrète qui recense les personnes pouvant être tenues responsables de ces crimes et l'a communiquée à la Commissaire aux droits de l'homme de l'ONU, Michelle Bachelet, l'ancienne présidente de la République du Chili. Il demande enfin, instamment et expressément, à la communauté internationale de s'abstenir de fournir tout matériel militaire dans le cadre de ce conflit, non sans avertir que la « légalité des transferts d'armes par la France, le Royaume-Uni, les États-Unis et d'autres Etats reste discutable[1] ».

Frégates surappareillées, avions de combat, chars d'assaut, véhicules blindés, armes lourdes et légères, munitions et pièces détachées : depuis le début du conflit, le trio infernal a facturé à Riyad et Abou Dhabi des milliards de dollars en matériels dit de « défense ». Comment cet armement n'aurait-il pas servi à commettre les graves atteintes au droit humanitaire qui sont reprochées à ses acheteurs et utilisateurs ? Mais,

---

1. Patrick Wintour, « UK, US and France may be complicit in Yemen war crimes – UN report », *The Guardian*, 3 septembre 2019.

business is business et Washington, Londres, Paris préfèrent faire la sourde oreille.

Après le recours que des activistes humanitaires auront engagé devant les tribunaux anglais en brandissant toutes sortes de textes de loi, le Royaume-Uni finira par momentanément se plier, et non sans réticences, à la recommandation. Que ce soit au titre du traité international sur le commerce des armes, du droit européen ou de leurs législations respectives, les États-Unis et la France ont bien souscrit des obligations similaires. Ce qui devrait *a minima* les conduire à suspendre toute nouvelle licence d'exportation. Or, ce ne sera pas le cas. Washington et Paris vont continuer à fournir des armes aux membres de la coalition.

La leçon il y a près d'un demi-siècle d'Alexandre Soljenitsyne sur les aveuglements de l'Occident se vérifie à nouveau[1]. Hier il s'agissait du communisme, aujourd'hui il s'agit de l'islamisme. Le mémorialiste du Goulag exilé au Vermont ne se faisait pas d'illusion, d'ailleurs, sur le caractère discutable de la notion de « camp occidental ». Il renvoyait simplement à l'idée d'une aire de civilisation attachée dans son principe aux libertés. Ou, plutôt, qui devrait l'être et le montrer au reste du monde. Quarante ans plus tard, je dois convenir avec lui qu'il n'en reste plus grand-chose. Ou alors simplement l'Alliance atlantique. Et qui ressemble toujours plus à un consortium des complexes militaro-industriels américain, anglais et français. Les marchands de canons ont pris la place des défenseurs d'idées.

Le sursaut d'indépendance qu'avait montré, en 1966, de Gaulle en sortant du commandement intégré de l'OTAN

1. Alexandre Soljenitsyne, *L'erreur de l'Occident*, Grasset, 1980.

n'est plus de mode. Depuis toujours Londres est l'alliée indéfectible de Washington et cette relation privilégiée a été renforcée sous Margaret Thatcher comme sous Tony Blair. À partir de 1995, Paris amorce son retour dans l'Alliance atlantique que parachève, en 2012, l'élection de François Hollande. Dans un drôle de cocktail qui mêle réminiscences de la SFIO et influences des think-tanks US, la diplomatie française change d'axe et l'Élysée joue à l'ultime forteresse d'un néo-conservatisme qui bat déjà de l'aile de l'autre côté de l'océan. Les Français vont désormais disputer aux Britanniques le titre de meilleur auxiliaire des Américains[1].

Résultat, la politique arabe qui faisait la singularité de la République se déporte du Maghreb et du Machrek vers le Golfe. Et le soutien aux mouvements d'émancipation s'efface devant le dialogue avec les « islamistes modérés », cet insoutenable et scandaleux oxymore[2]. Mais, comme le montrera la guerre de Syrie, en troquant son approche réaliste et son rôle médiateur au Moyen-Orient contre une allure militante et une posture belligérante, Paris ne gagnera rien au change : bien qu'ancienne puissance mandataire au Levant, elle ne sera pas admise à participer aux négociations de paix[3].

Pire encore, la France y perd un peu de son âme. Lors de son fameux discours du Caire, le 4 juin 2009, s'adressant

---

1. Le Club des Vingt, *Péchés capitaux, les sept impasses de la diplomatie française*, Cerf, 2016 : ce manifeste « gaullo-mitterrandien » émane d'un cercle d'études trans-partisan comprenant d'anciens ministres des Affaires étrangères et hauts responsables du Quai d'Orsay.

2. Comme l'a montré le regretté Abdelwahab Meddeb dans *La Maladie de l'islam*, Le Seuil, 2002.

3. Renaud Girard, « Pourquoi nous sommes-nous autant trompés sur la Syrie », *Le Figaro*, 4 septembre 2015.

au monde musulman et lui proposant un « nouveau départ » après l'ère Bush Jr., Barack Obama n'a pas manqué, à force de citations coraniques, de tacler la laïcité à la française : selon un refrain connu à Washington, elle serait fondamentalement liberticide. Sans la nommer explicitement, le Président américain s'est néanmoins autorisé à égratigner la législation sur le port du voile qui est alors en préparation à l'Assemblée nationale. Alignée à l'extérieur, la France doit aussi adopter à l'intérieur le communautarisme anglo-saxon qu'incarnent les États-Unis et la Grande Bretagne ! À Paris, l'émoi est grand et le mouvement Ni putes Ni soumises n'hésite pas à dénoncer une « croisade contre les femmes[1] ». Il ne sera malheureusement pas entendu.

Certes, la loi interdisant la dissimulation du visage dans l'espace public sera votée, l'année suivante, en 2010. Dans le même temps, l'affaire de la crèche Baby Loup, dont j'aurai à m'occuper en tant que présidente de la Haute Autorité de lutte contre les discriminations et pour l'égalité (Halde), montrera sa nécessité. Mais la situation ne cessera de se dégrader tout comme en parallèle, je le dis avec humilité, mon engagement de grandir : lutter contre le voile islamiste qui asservit les femmes musulmanes et contre la guerre wahhabite qui frappe les enfants yéménites, c'est mener le même combat[2].

Comment expliquer le renversement inouï de nos élites gouvernementales ? Il a pour clé idéologique leur conviction que le déclin de la France sur l'échiquier international est irrésistible et que le parapluie américain peut la freiner,

---

1. Stéphanie Le Bars, « Port du voile : les réactions en France à Barack Obama », *Le Monde*, 6 juin 2009.
2. Jeannette Bougrab, *Lettre aux femmes voilées et à ceux qui les soutiennent*, Cerf, 2019.

conviction si forte qu'elle prend le tour d'une auto-prophétie réalisée. Mais il a pour moteur, en pratique, que les industries françaises d'armement ne doivent pas être exclues des marchés initiés par les conflits que conduit Washington et qu'appuie Londres. La diplomatie est sacrifiée sur l'autel du commerce et c'est ainsi que le trio infernal s'entend pour partager un gâteau dont même les miettes sont lucratives.

Tant pis pour les Yéménites qui auraient pu espérer dans cette France « voix des hommes sans voix » qu'avait su réveiller De Gaulle. Désormais, elle se déclare aphone. Riyad vaut plus qu'une messe car sa valeur trébuchante se compte en milliards de dollars, de livres sterlings et d'euros dans les lignes budgétaires afférentes aux ventes d'armes. Américains, Anglais, Français s'y précipitent pour rivaliser de courtisaneries avec leur ami le prince, Mohammed ben Salmane, certes quelque peu immature mais si dépensier ! Le prix de la transaction est qu'ils doivent fermer leurs yeux, leurs bouches et leurs oreilles. À l'image des trois singes de la tradition asiatique, le trio infernal se veut aveugle, muet et sourd. Sur quoi ? Sur la vaste entreprise de conquête des consciences que poursuit le royaume saoudien en promouvant le wahhabisme lié à l'essor du plus meurtrier des fondamentalismes au sein du retour général du religieux qui agite la planète.

Dès 1979, l'arrivée au pouvoir des mollahs à Téhéran a poussé Riyad à amplifier sa vaste entreprise d'influence, bâtie à coups de pétrodollars, qui vise à instaurer son hégémonie culturelle sur l'ensemble des musulmans où qu'ils soient. Cette stratégie est planétaire non pas par dessein mais de fait, parce que les ennemis actuels ou potentiels du royaume saoudien sont à l'échelle du monde musulman sunnite, c'est-à-dire partout. Y compris et voire d'abord chez le voisin chiite puisque cette guerre globale contre l'extérieur est aussi intérieure et qu'elle doit régler définitivement la *fitna*, la « discorde » qui déchire les héritiers du Prophète depuis sa mort[1].

Contre l'empire athée du communisme, la dynastie gardienne de La Mecque a ainsi commencé par financer, dans les années 1980, les moudjahidines et autres soldats d'Allah en Afghanistan par l'entremise de fondations dites caritatives. Puis, contre l'empire impie du libéralisme, elle a envoyé des missionnaires partout où elle le pouvait afin de propager sa conception intégriste de l'islam.

S'il n'y avait pas eu l'or noir, le wahhabisme serait resté un mouvement marginal à la périphérie de l'Oumma, confiné à la contrée désertique qui a vu naître le Coran. L'Arabie saoudite aurait continué, comme elle le fait, à instrumentaliser le pèlerinage à La Mecque, en contrôlant le contingentement des fidèles et la labellisation des opérateurs, afin de transformer toute critique de la monarchie en critique contre l'islam. Mais elle n'aurait pas pu réaliser l'expansion politico-religieuse qui est la sienne en diffusant son propre fondamentalisme dans la totalité de l'espace sunnite.

Les montants des financements en jeu sont sidérants. Cent millions de dollars sont recueillis chaque année par les fondations saoudiennes qui, peu ou prou, ont toutes un caractère confessionnel. Mais cette somme ne représente qu'une petite partie de la manne qui alimente les caisses

1. Gilles Kepel, *Fitna. Guerre au cœur de l'islam*, Gallimard, 2004. Dans *La Fracture*, (Gallimard-France Culture, 2016), Gilles Kepel constate que les musulmans d'Europe, contrairement à ses espoirs, peinent à dessiner une autre voie.

du prosélytisme wahhabite. Certains experts estiment que, depuis les années 1980, ce sont plus de cent milliards de dollars qui ont été dépensés pour exporter ce fondamentalisme et en faire le vecteur d'une diplomatie offensive[1]. Soit en trois décennies. Par comparaison, Moscou a consacré sept milliards de dollars, entre 1921 et 1991, à la propagande communiste dans le monde. Le rapport entre les deux est vertigineux. Les islamistes plus forts que les bolcheviks! L'Internationale wahhabite dispose de ressources démesurées là où, de surcroît, le militant religieux l'emportera toujours en fanatisme mystique sur le militant politique, les espérances célestes étant invérifiables à la différence des promesses terrestres.

La maison des Saoud est la *guest-star* du film d'horreur dans lequel nous sommes tous plongés. Prétendre le plus sérieusement du monde qu'il faut à la fois promouvoir la lutte contre le terrorisme islamiste et le rapprochement diplomatique avec le royaume wahhabite relève de l'aberration. Ou de la schizophrénie volontaire. Aucun de nos gouvernants n'ignore le jeu pervers de Riyad, mais nul d'entre eux ne se lève contre son programme de construction de mosquées flambant neuves, sa diffusion d'une littérature complotiste et haineuse, de sa subornation de prédicateurs rétrogrades afin d'influer sur les fidèles au Proche-Orient, en Afrique, en Asie, sans oublier l'Europe et la France. Tout simplement, l'incendie qui couve dans nos banlieues est attisé depuis Riyad.

1. Pierre Conesa, *Docteur Saoud et Mister Djihad: la diplomatie religieuse de l'Arabie saoudite*, préface d'Hubert Védrine, Robert Laffont, 2016.

Mais il y a ces lettres d'intention faisant miroiter des investissements faramineux dans les industries nationales que les chefs d'État, changés en commis voyageurs, rapportent triomphalement de leurs visites officielles et peu importe que l'eldorado saoudien tienne souvent du mirage[1]. Plutôt que renoncer à des contrats présumés juteux, nos gouvernants minimisent le venin fondamentaliste et le laissent agir sur nos enfants.

Supposant que le problème finira par s'éteindre de lui-même, le trio occidental persiste et signe. Il piétine allégrement les droits de l'homme dont il est le premier héritier et devrait être le premier promoteur car leur universalité, pour moi, je parle ici en juriste de métier, ne saurait souffrir le doute. Mais Washington, Londres et Paris écrasent aussi au passage le droit international qui régule la guerre. Et cette fois, ce n'est plus leur conviction morale, mais leur responsabilité pénale qui est en jeu.

Comportant deux volets, le droit à la guerre et le droit dans la guerre, cet ensemble juridique a pour but de limiter l'usage de la force. Entre autres en déterminant lorsqu'une puissance entre en conflit si son engagement répond à un impératif de justice et si sa conduite remplit l'exigence de justice. Or, la coalition arabo-sunnite est doublement fautive. Son intervention n'a pas eu pour motif légitime qu'elle avait à défendre ses intérêts vitaux directement et immédiatement menacés. Une fois l'offensive enclenchée, elle a eu recours à de nombreuses pratiques condamnables en raison de leur

1. Comme le montrent, à sept ans d'intervalle, deux articles de Vincent Lamigeon, « La vérité sur les déboires de la France en Arabie » et « La vérité sur le déclin des offices d'armement », parus dans *Challenges* respectivement le 17 septembre 2012 et le 24 février 2019.

caractère disproportionné. Les trois grands fournisseurs des moyens nécessaires à ces méfaits n'en ont eu cure et ont tout fait pour les dissimuler. Sans les journalistes et les humanitaires qui ont eu le courage de les exhumer, ils seraient restés enterrés.

Le trio infernal a voulu oublier que la vraie force de l'esprit occidental réside dans sa capacité critique à se contester lui-même et que la supériorité ultime des sociétés démocratiques réside dans les contre-pouvoirs qui les caractérisent. Il a cru pouvoir s'abriter derrière la dénégation. Mais l'habileté rhétorique ne suffit qu'un temps à cacher l'évidente vérité. On meurt au Yémen sous le coup d'armes qui sont principalement américaines, anglaises et françaises. C'est toutefois bien différemment que Washington, Londres et Paris ont eu à répondre de leur complicité avec les pétromonarchies devant leurs institutions et leurs opinions.

DU CÔTÉ DE CHEZ L'ONCLE SAM

Rien de nouveau, en apparence, sous les administrations qui se succèdent à la Maison-Blanche pendant que la guerre fait rage au Yémen. Le soutien que les États-Unis apportent à l'entreprise militaire de l'Arabie saoudite s'ajoute à la longue liste de leurs erreurs sur le plan stratégique au Moyen-Orient, de l'Afghanistan à la Syrie en passant par l'Irak. Ce n'est pas la première fois que la diplomatie américaine enchaîne les contresens catastrophiques dans cette partie du monde. Le solde invariable en a été l'émergence et le développement d'un terrorisme sans frontière. La seule différence est que les États-Unis préfèrent désormais ne plus intervenir directement. L'hyperpuissance que semblait avoir consacré la chute de l'Union soviétique s'est révélée illusoire[1]. Le coût intérieur des opérations extérieures ressort exorbitant. Si Barack Obama ne professe pas l'isolation dont se réclamera Donald Trump, il amorce une nette politique de retrait.

Bien que Washington soit l'allié originel et essentiel de Riyad, la Maison-Blanche marque vite en 2015 sa position mitigée : elle ne prévoit pas de projeter des troupes terrestres sur le sol yéménite au prétexte de réinstaller le président

1. Créateur du terme et du concept, Hubert Védrine lui-même juge qu'il n'aura été opérant qu'entre 1989 et 2001 : « Les États-Unis : hyperpuissance ou empire ? », *Cités*, 2004, n. 20, p. 139-151.

Hadi chassé du pouvoir par la rébellion houthie et de sauver des institutions démocratiques auxquelles elle a raison de ne guère croire. L'administration Obama sait les fortes réticences que l'opinion publique oppose à tout nouvel engagement dans un conflit à l'étranger. Elle en a fait son programme, même si elle continue la « guerre globale contre le terrorisme » initiée par l'administration Bush mais par la voie d'exécutions extra-judiciaires. C'est ainsi que le vainqueur démocrate des élections de 2009, élu entre autres pour son anti-bellicisme, est devenu le « Président des drones tueurs »[1].

L'argument principal de la Maison-Blanche est toutefois que l'Amérique n'entend pas mettre en péril sa relation retrouvée avec l'Iran et sa recherche d'un accord sur le nucléaire. On peut comprendre la priorité accordée à ce choix mais on peut pareillement comprendre que le rôle que les Américains vont jouer au côté des Saoudiens ne va pas échapper aux Iraniens. Le président Barack Obama a en effet promis au roi Salmane une assistance en termes de logistique et de renseignement. À sa manière si personnelle de vouloir ménager la chèvre et le chou, béatement applaudie en Europe mais qui sera largement critiquée aux États-Unis l'heure du bilan venue, il réussit à mécontenter les deux parties en présence qui se sentent d'autant plus habilitées à agir selon leur guise[2].

Parmi les moyens américains engagés au service du royaume saoudien figure l'équipe spécialisée en balistique

1. Marc Mazzetti, « The drone zone », *The New York Times Magazine*, 8 juillet 2012.

2. Ce sera tout l'objet de la discussion entre le conservateur Robert Kagan et le progressiste Fareed Zakaria dans *Has Obama Made the World a More Dangerous Place ?* The Munk Debates on America Foreign Policy, Anansi Press, 2015.

que le Pentagone envoie à Riyad : elle est chargée de fournir aux forces armées de la coalition des informations de ciblage qui sont utilisées lors des frappes aériennes. On est donc en droit de s'interroger sur la responsabilité des États-Unis dans la mort par « erreur » de milliers de civils yéménites, portés parmi les « dommages collatéraux » des campagnes de bombardement. Mais plus encore de questionner les vrais motifs qui peuvent expliquer une telle compromission.

Indépendamment des enjeux commerciaux liés aux ventes d'armes, Barack Obama ne peut se désintéresser de la situation au Yémen. Elle revêt pour les États-Unis une importance et une urgence géostratégiques qui ne sont pas nouvelles. Un an avant la fatidique attaque sur Manhattan, l'attentat-suicide contre le destroyer *USS Cole* le 12 octobre 2000 dans le port d'Aden a inauguré l'ère de la terreur islamiste. Il a été revendiqué par Al-Qaida dont l'implantation va se révéler durable dans le sud du pays. Depuis, comme ailleurs, les Américains n'ont cessé d'intervenir directement mais à distance, en recourant à des drones Predator, pour abattre les chefs de l'organisation djihadiste.

Quand Mohammed ben Salmane décide de déclencher sa guerre, les dirigeants du Pentagone y voient hypocritement une opportunité de nettoyer la région des émules d'Oussama ben Laden en y opérant par délégation. C'est aussi l'occasion pour eux de forcer les Saoudiens à prendre parti une fois pour toutes contre le terrorisme islamique dont la CIA a démontré qu'ils l'alimentent financièrement, de manière directe ou indirecte, et surtout qu'ils en nourrissent le terreau idéologique.

Parce qu'on ne saurait rien refuser à l'Arabie saoudite, faudrait-il tout lui permettre et l'excuser de tout, même d'une aventure belliqueuse dont on pressent l'amateurisme militaire et le prix humain ? L'Amérique est plus complexe qu'on ne la dépeint ainsi que le prouvent des fuites savamment orchestrées dès le lendemain des premiers bombardements saoudiens.

On apprend ainsi qu'au sein de l'*United States Special Operations Command* (USSOCOM), parmi les onze commandements interarmées, celui qui est en charge du Yémen se montre moins défavorable qu'attendu aux Houthis pour s'être assuré de leur concours dans la lutte contre Al-Qaida puis Daech. Ces guérilleros ne surpassent-ils pas en efficacité, par leur occupation du terrain, les incursions hasardeuses des troupes loyalistes et les tirs coûteux de drones ? Leur mouvement ne représente-t-il pas un allié de poids dans l'éradication du terrorisme islamiste de type sunnite alors que même *rogue* l'Iran chiite demeure un État avec lequel on peut traiter ? La même source intérieure au Pentagone affirmera que les États-Unis n'ont été prévenus qu'au dernier moment du projet des Saoudiens « parce qu'ils savaient que nous leur aurions dit exactement ce que nous pensions, à savoir que c'était une mauvaise idée[1] ».

Bien plus, pour les analystes de West Point eux-mêmes, il est impératif de trouver une solution politique au Moyen-Orient : fondé en théorie, le refus américain de mener une énième guerre conventionnelle a pour résultat de multiplier les forces irrégulières dans la région et de la précipiter dans un durable chaos dont le Yémen est exemplaire[2].

---

1. Mark Perry, « Us generals: Saudi intervention in Yemen "a bad idea" », *Al Jazeera*, 17 avril 2015.
2. Major Alex Deep, « The proxy dilemma », Modern War Institute at West Point, mai 2018, *mwi.usma.edu*.

Il n'empêche. Contre les militaires, les diplomates ont d'ores et déjà emporté la décision. La ligne est fixée : si le président Obama souhaite que l'accord nucléaire avec l'Iran progresse, il ne peut contrarier l'un des plus fervents opposants à ce rapprochement qui n'est autre que l'Arabie saoudite. De plus, dès lors qu'il s'est solennellement engagé à retirer les troupes américaines du Moyen-Orient, il vaut mieux qu'un acteur local y intervienne pour juguler les foyers terroristes et il n'est d'autre candidat que l'Arabie saoudite.

Or les Saoudiens vont inverser les priorités de leur protecteur et allié en partant de leurs propres nécessités : oui, ils veulent se rendre au Yémen mais, dans l'ordre d'importance, d'abord pour éliminer les Houthis qui font obstacle à leur hégémonie régionale, ensuite afin d'annexer des positions géostratégiques ainsi que des réserves énergétiques supplémentaires et, enfin, dans le but de contrecarrer l'influence de leur ennemi de toujours, l'Iran.

Le 27 mars 2015, au lendemain de l'intervention de la coalition sunnite, le commentaire qu'en livre le porte-parole de la Maison Blanche, Josh Earnest, est limpide : « La stratégie que l'administration poursuit au Yémen n'est pas une stratégie d'édification d'une nation, mais de contre-terrorisme[1] ». Barack Obama ne donne pas carte blanche à Mohammed ben Salmane. Il ne l'autorise pas à décider de l'avenir du pays, mais lui enjoint de rétablir un équilibre viable au sein du chaos ethnique et religieux qui le submerge avant que la gangrène djihadiste ne finisse par déborder ses frontières. Le jeune prince comprend de son côté que la

1. Micah Zenko, « Make no mistake – the United States is at war in Yemen », *Foreign policy*, 30 mars 2015.

feuille de route contient assez de marges pour qu'il l'interprète à sa convenance.

Ainsi que l'ont décidé les Démocrates qui sont au pouvoir à la Maison-Blanche, les forces armées américaines vont donc superviser la guerre que mènera la coalition arabo-sunnite. Ce qui mécontente les Républicains, majoritaires à la Chambre et au Sénat où se distingue John McCain, vétéran du Vietnam et candidat malheureux à la présidentielle de 2008. Si certains élus du *Grand Old Party* sont manifestement sous l'emprise du lobby saoudien, McCain soutient qu'une telle guerre, dès lors qu'elle engage les États-Unis, doit être conduite de bout en bout par les États-Unis. La suite lui donnera raison.

Les Européens aiment fantasmer l'Amérique. L'adulation de principe dont bénéficie Barack Obama dans les milieux politiques et journalistiques du Vieux-Continent, français tout particulièrement, m'a toujours stupéfiée. Elle les empêche alors de voir combien son caractère hésitant détermine les tergiversations de sa diplomatie. Le président Hollande l'a appris à ses dépens en 2013 lorsque son homologue américain, sur un coup de fil tard dans la nuit, a décommandé l'assaut des Rafales sur Damas, censé marquer l'entrée en guerre frontale de la France contre la Syrie[1]. Le scénario se répète en 2015.

Mais prendre la précaution de ne pas s'impliquer de façon directe dans un conflit tout en prenant le risque d'y participer

1. Pierre Haski, « Le jour où Obama a lâché Hollande sur le dossier syrien », *L'Obs*, 15 mars 2016. Cet article commente avec une sévérité méritée l'entretien que le Président américain venait d'accorder à Jeffrey Golberg dans *The Atlantic* et assez peu sobrement intitulé « The Obama doctrine ».

de manière décisive n'allège pas la charge morale et juridique à laquelle on s'expose. La demi-mesure qu'Obama adopte face à la demande de MBS ne dédouane pas pour autant sa responsabilité dans la tragédie yéménite. Elle est non seulement réelle, mais encore écrasante.

Dès le déclenchement des hostilités en mars 2015, le Président des États-Unis autorise les forces américaines à appuyer l'effort de guerre de la coalition arabo-sunnite. Comme le déclarera un peu plus tard avec fierté Antony Blinken, secrétaire d'État adjoint à la Défense, lors de sa visite à Riyad : « Dans ce cadre, nous avons accéléré les livraisons d'armes, nous avons accru l'aide logistique ainsi que le partage de nos renseignements et mis en place une cellule de planification conjointe dans le centre d'opérations saoudien[1]. »

Traduction dans les faits ? L'Amérique participe de bout en bout à la guerre de la coalition. Le soutien logistique comprend le ravitaillement en carburant des bombardiers, y compris lorsqu'ils sont en vol à raison de deux rotations par jour afin d'assurer le plein rendement de leurs sorties, autrement dit la démultiplication des frappes aériennes. Le soutien en renseignement le complète, en identifiant et en désignant les cibles à détruire. Réservées au commandement saoudien dans les débuts, les informations sont communiquées à partir d'avril 2015 à l'ensemble des membres de la coalition, ce qui laisse encore moins la faculté de contrôler les actions qui s'ensuivent. Mais le soutien est aussi opérationnel puisque la marine américaine viendra renforcer le

1. « Yémen : les États-Unis accentuent leur soutien à la force anti-houthiste », *RFI*, 8 avril 2015.

blocus naval qu'ont décidé les Saoudiens avec les Émiratis et qui sera, selon les organisations humanitaires, le grand accélérateur de la famine au Yémen[1].

Rapidement, les dérapages s'accumulent. De même que les révélations et les suspicions. Les bombes américaines qu'utilise la coalition tuent des civils yéménites sans discrimination et au-delà de toute mesure. Dans le même temps, la coalition conclut des arrangements secrets avec Al-Qaida : elle aurait payé les djihadistes pour qu'ils abandonnent des villes clés non sans les avoir laissé se servir en matériel militaire avant leur départ ; elle aurait recruté plusieurs centaines d'entre eux pour s'attribuer la maîtrise de zones entières au terme de combats qui n'auraient jamais eu lieu ; pire encore, elle aurait mené avec d'autres des opérations conjointes contre les Houthis, quitte à fricoter avec des chefs terroristes figurant en bonne place sur les listes américaines des *most wanted*[2] !

Pour les observateurs, les Émirats sont les champions de ce double jeu et les États-Unis, parfaitement informés de leur duplicité, ont décidé de fermer les yeux. Dès le départ, l'imbroglio couvait sous la divergence des intérêts. En 2015, deux opérations distinctes ont été simultanément menées dans ce coin éloigné de la péninsule arabique. Dans l'immédiat, le chacun pour soi a été la règle : d'un côté déstabiliser le Yémen, de l'autre stabiliser le Yémen. Mais avec le temps, la première ligne, celle de la coalition, l'a emporté sur la seconde, celle du Pentagone. Ne subsiste plus dorénavant

---

1. Dan Lamothe, « Navy has seven combat ships around Yemen as Saudi-led blockade continues », *The Washington Post*, 17 avril 2015.

2. Maggie Michael, Trish Wilson, Lee Keath, « Yemen: US allies strike deals with Al-Qaida in war on rebels » et « AP investigation: US allies, Al-Qaida battle rebels in Yemen », *Associated Press*, 6 et 7 août 2018.

qu'une seule mission : écraser les Houthis, c'est-à-dire le seul vrai mouvement indépendantiste en le réduisant à une rébellion chiite affiliée à l'ennemi commun, l'Iran. Sous l'effet de cette configuration manichéenne, Al-Qaida se retrouve déportée dans le même camp que la coalition sunnite et, par extension, que les États-Unis.

De fait, l'APQA, qui en était la première cible, survit et prospère au cours du conflit. C'est l'exact inverse du but recherché par l'armée américaine, ce dont s'inquiètent des officiers qui, abasourdis par ce tête-à-queue, se mettent à informer en *off* les journalistes et les lanceurs d'alerte. Aux États-Unis, la lutte supposée de la coalition contre Al-Qaida est même qualifiée de « farce », formule d'autant plus forte qu'elle provient de l'un des meilleurs spécialistes internationaux du Yémen, Michael Horton[1]. La compromission à laquelle obligent MBZ et MBS scandalise : comment peut-on prétendre lutter contre le radicalisme islamiste alors que l'on conforte une des branches parmi les plus nuisibles de la nébuleuse djihadiste ?

Face aux critiques de plus en plus vives qui stigmatisent les bavures meurtrières et les complicités mortifères de cette alliance devenue encombrante pour l'Amérique, le Pentagone prend de la distance. Son porte-parole, Adam Stump, délaisse les épithètes grandioses qu'il affectionnait au début de l'opération Tempête décisive. L'heure est au rétropédalage. En conférence de presse, il y insiste désormais, la modeste coopération militaire à laquelle a consenti Washington ne vaut pas blanc-seing : « Même si nous aidons les Saoudiens au motif

1. Michael Horton, « Guns for hire: How al-Qaeda in the Arabian Peninsula is securing its future in Yemen », *Terrorism Monitor,* 16, 2, The Jamestown Foundation, *jamestown.org,* 26 janvier 2018.

de leur intégrité territoriale, cela ne signifie pas que nous nous abstiendrons d'exprimer notre préoccupation face à la guerre au Yémen et à la manière dont elle a été menée». Ce sont évidemment les frappes aériennes et leurs effets délétères sur les populations civiles qui le préoccupent, d'où cette précision qui a tout d'une précaution: «À aucun moment, le personnel militaire américain n'a approuvé directement ou implicitement la sélection ou les poursuites de la cible.» Et de conclure: «Dans nos discussions avec la coalition dirigée par l'Arabie saoudite, nous avons insisté sur la nécessité de minimiser le nombre de victimes civiles[1].»

Il s'agit de dédouaner l'Amérique en réduisant son rôle au strict minimum car, même au pays de l'Oncle Sam, cette guerre du pétrole sent de plus en plus le soufre. À peine élu, Donald Trump laisse son administration embrayer sur cette rhétorique du «ni coupable, ni responsable» et appelle lui-même la coalition à la retenue en décembre 2017, souhaitant qu'elle desserre l'étau du blocus[2]. Dans les faits, le Président républicain poursuit la politique de son prédécesseur démocrate qui, lui-même, a perpétué le principe intangible depuis 1945 d'une alliance inconditionnelle avec la dynastie des Saoud.

D'où la valse-hésitation de Washington. À la fin de l'été 2016, l'administration Obama, qui est sur le point de quitter la Maison-Blanche, annonce un rapatriement significatif des troupes américaines basées à Riyad ainsi qu'une réduction drastique du *Joint Combined Planning Cell* chargé

1. «US says support to Saudi's Yemen campaign modest, no blank check», *Reuters*, 20 août 2016.
2. White House, «Statement by President Donald J. Trump on Yemen», *whitehouse.gov*., 6 décembre 2017.

de coordonner le soutien militaire du Pentagone[1]. Dans le courant de l'automne 2018, l'onde de choc causée par l'assassinat de Jamal Khashoggi précipite le mouvement au sein de l'administration Trump : le secrétaire d'État Mike Pompeo et le secrétaire à la Défense, James Mattis, demandent instamment à l'Arabie saoudite et aux Émirats arabes unis de suspendre leurs frappes aériennes sur des zones peuplées du Yémen et appellent à un complet cessez-le-feu de tous les belligérants dans un délai d'un mois. Ils l'annoncent même comme préparatoire à des pourparlers de paix placés sous l'égide de l'ONU[2] ! Le 10 novembre 2018, les États-Unis déclarent qu'ils ne ravitailleront plus les avions de la coalition au cours de leurs opérations au-dessus du Yémen. Le 13 décembre 2018, le Sénat vote une motion qui prône la fin de l'assistance militaire américaine à l'Arabie saoudite pour crimes de guerre présumés. Le président de *l'International Rescue Committee*, le britannique David Miliband, ancien secrétaire d'État des Affaires étrangères et du Commonwealth sous Tony Blair, voit dans ce tournant la « plus importante avancée de la guerre au Yémen depuis quatre ans[3] ».

Enfin une lueur d'espoir ? C'est compter sans Donald Trump, sans les relations privilégiées qu'il entretient avec le prince héritier Mohammed ben Salmane et sans la dimension clanique qu'il a imprimée à la Maison Blanche. Le Président des États-Unis procède par humeurs et préférences qui

---

1. Mohamad Bazzi, « To stop bloodshed in Yemen, Obama must cut back Saudi support », *Reuters*, 13 octobre 2016.

2. « Yémen : Mattis appelle à des négociations de paix d'ici 30 jours », *RFI*, 31 octobre 2018.

3. Conor Finnegan, « Trump administration begins new push to end war in Yemen », *ABC News*, 31 octobre 2018.

viennent conforter le Pacte du Quincy contracté le 14 février 1945 entre Roosevelt et Ibn Saoud. Il fait fi des enquêtes et des avertissements des agences de renseignement. Il passe outre les recommandations des diplomates. Il s'en remet entièrement à son gendre, Jared Kushner, l'époux de sa fille préférée, Ivanka, auquel il a confié le soin de résoudre le conflit israélo-palestinien et de construire un « nouveau Moyen-Orient », rien que ça, pour un garçon qui s'est surtout illustré jusque-là dans l'immobilier ! Inexpérimenté dans les relations internationales, Kushner peut cependant se flatter d'une rare amitié, celle qui le lie à ben Salmane, les deux trentenaires partageant les mêmes vues, les mêmes goûts et les mêmes tocades. Au point que la politique de Donald Trump à l'égard de l'Arabie saoudite et de toute la région se fonderait exclusivement sur la relation personnelle entre JK et MBS[1]. Si cela est vrai, on vit un cauchemar éveillé.

Il n'empêche qu'à Washington, pour l'*establishment*, la mort de Jamal Khashoggi est la goutte d'eau qui a fait déborder le vase. Malgré sa proximité intellectuelle avec les milieux sunnites les plus conservateurs et son passé ambigu, le journaliste assassiné était apprécié tant du côté républicain que du côté démocrate dans les couloirs du Congrès. Les parlementaires vont être les premiers à mettre en cause le soutien indéfectible à un prétendu allié, Riyad, hier mêlé aux attentats du 11 septembre, aujourd'hui capable des pires atrocités au Yémen. Ils disposent pour ce faire d'une arme constitutionnelle.

---

1. Selon les confidences de l'ancien diplomate américain Martin Indyk à David D. Kirkpatrick, « The wooing of Jared Kushner: How the Saudis got of friend in the White house », *The New York Times*, 8 décembre 2018.

Adopté en 1973, en pleine crise du Vietnam, le *War power act* soumet au consentement et au contrôle du Congrès le pouvoir présidentiel d'entrer en guerre, notamment lorsqu'une intervention à l'étranger excède la durée de 60 jours. Il suffit donc d'y recourir. C'est Bernie Sanders, l'icône du progressisme US, qui est à l'origine de cette idée. « Ne nous laissons pas guider par un régime meurtrier », déclare-t-il, rappelant que la participation américaine à la guerre menée par l'Arabie saoudite a provoqué l'une des pires crises humanitaires de ces vingt dernières années[1].

Le sénateur démocrate du Vermont présente sa résolution avec le sénateur républicain de l'Utah, Mike Lee, partisan enflammé du *Tea Party* mais pareillement indigné à l'idée que des armes américaines puissent servir à commettre des crimes de guerre. C'est là, pour ma part, l'Amérique que je préfère et dont je tire une leçon : celle qui refait son unité autour de la défense de la Constitution.

Le 13 décembre 2018, le Sénat, pourtant contrôlé par les Républicains, adopte, à une nette majorité bipartisane, le texte qui exhorte Donald Trump à mettre un terme au soutien à la coalition. Hors séance, les noms de Jamal Khashoggi et de Mohammed ben Salmane sont sur toutes les lèvres[2]. L'approbation de la Chambre des représentants, tenue par les Démocrates, est acquise mais, calendrier institutionnel oblige, ne pourra être votée qu'au printemps suivant. On saura alors si la résolution a atteint les deux tiers requis du Congrès.

---

1. Bernie Sander, « We must stop helping Saudi Arabia in Yemen », *The New York Times*, 24 octobre 2018.

2. Karoun Demirjian, « Senate votes to condemn Saudi crown prince for Khashoggi killing, end support for Yemen war », *The Washington Post*, 13 décembre 2018.

Donal Trump a anticipé le bras de fer. Il entend exploiter à fond les prérogatives de chef de guerre que lui confère également la Constitution. Dans le milieu de l'automne, dans une lettre aux parlementaires, il décrète que l'année 2019 verra le grand retour de la présence américaine en Arabie saoudite et au Moyen-Orient[1]. En *off*, il explique que l'opération consistera en un redéploiement massif en troupes et matériels de l'US Army dans le berceau de l'islam comme l'on n'avait pas vu depuis 2003 et la « guerre globale » de l'administration Bush Jr. L'opération aura pour objectif de contenir la menace iranienne en confortant la sécurité du royaume mais elle exclura la participation du contingent à l'intervention au Yémen. Enfin, la pétromonarchie paiera le coût de cette protection. Carton plein ? De quoi satisfaire le Midwest et l'Establishment, le Pentagone et Wall Street ? Un tel effet d'annonce ne saurait désarmer les éditorialistes qui y voient un coup de bluff. À tort.

Bernis Sanders réplique immédiatement. Il en appelle à la conscience collective : « Lorsque nous avons commencé à recourir à la loi pour mettre un terme à cette guerre inconstitutionnelle, nous avons entamé une bataille difficile. Mais nous sommes en train de bâtir un puissant mouvement populaire pour en finir avec ce cauchemar humanitaire [...]. En terminant ce conflit, le Congrès a la possibilité non seulement d'atténuer les souffrances de millions de Yéménites, mais aussi de s'assurer que l'Amérique ne sera plus jamais mêlée à une autre sale guerre de ce type[2] ». Si je n'adhère pas toujours aux lubies utopistes du vieux sénateur du Vermont, il me faut lui

1. White House, « Statement from President Donald J. Trump on Standing with Saudi Arabia », *whitehouse.gov*, 21 novembre 2018.
2. Bernie Sanders, *FaceBook.com*, 27 novembre 2018.

reconnaître ici un accent prophétique qui explique sa grande popularité auprès de la jeunesse américaine.

Le 4 avril 2019, la Chambre des représentants emboîte le pas au Sénat et approuve la résolution que ce dernier a adoptée. Le texte n'ira pas plus loin car le Président des États-Unis y oppose son véto. L'humiliation politique est profonde pour Donald Trump, une partie de son camp ayant rejoint la fronde parlementaire. Par faire diversion, le Pentagone décide de présenter aux Saoudiens et aux Émirats arabes unis une facture de 331 millions de dollars. Elle est censée absorber le coût du soutien américain dans la guerre au Yémen. Un simple écot comparé aux 12,5 milliards d'achats d'armes promis par la monarchie wahhabite et dont en mars 2018, recevant MBS dans le Bureau ovale, Donal Trump s'est vanté en brandissant un panneau qui affichait les détails du *deal* et la *shopping-list* du prince, quitte à faire flotter sur la Maison blanche un air du Juste Prix[1].

Face au diktat présidentiel, la polémique fait rage. L'administration Trump sort alors des cartons de la Maison-Blanche les faits et gestes de l'administration Obama à l'égard de la maison des Saoud. Le coup de diversion médiatique est réussi : le plus *maverick* des présidents républicains ne fait que s'inscrire dans la suite du plus *cool* des présidents démocrates. C'est sous le mandat de son prédécesseur que tout a commencé. Barack Obama n'a pas seulement appuyé la guerre au Yémen dès l'offensive de mars 2015. Le 23 septembre 2016, il a lui-même utilisé son droit de véto. Et pas sur un détail ! Mais pour empêcher le *Justice Against*

1. « Crown Prince Mohammed bin Salman's US visit is a shopping trip for war », *cnbc.com.*, 20 mars 2018.

Sponsors of Terrorism Act, voté à l'unanimité par le Congrès, qui autorisait les victimes des attentats du 11 septembre 2001 à poursuivre l'Arabie Saoudite devant les tribunaux[1].

Des membres de l'ancienne administration Obama ont été auditionnés, au mois de mars, par le sous-comité sur le terrorisme au Moyen-Orient et en Afrique du Nord de la Chambre des Représentants. Dafna Rand a été sous-secrétaire d'État en charge des droits de l'homme auprès d'Hillary Clinton. Jeremy Konyndyk a dirigé le Bureau d'assistance aux catastrophes extérieures auprès de l'USAID, l'Agence des États-Unis pour le développement international. Tous deux sont issus du milieu humanitaire. Et pour tous deux, les responsables d'alors ont réellement tâché de limiter l'impact des frappes de la coalition : du choix des cibles prioritaires au recensement des sites à préserver en passant par l'envoi de formateurs à la réduction des dommages collatéraux, ils n'ont cessé d'intervenir auprès des Saoudiens et des Émiratis pour que soient épargnés les civils[2]. Une plaidoirie en forme d'aveu tant elle contredit la thèse d'une simple assistance technique !

La Maison Blanche ne manque pas de verser cette pièce à son dossier. Le 2 mai 2019, le Sénat échoue à réunir la majorité suffisante pour renverser le véto présidentiel. Les Républicains ont refusé d'affaiblir définitivement le pouvoir exécutif. Volant au secours de Donald Trump, Michael Mulroy, le sous-secrétaire à la Défense en charge

1. Éditorial, « Loi "Jasta" : vent de tempête entre Riyad et Washington », *Le Monde*, 30 septembre 2016.

2. Subcommittee Middle East, North Africa, and International Terrorism, « The humanitarian crisis in Yemen: Addressing current political and humanitarian challenges », *foreignaffairs.house.gov.*, 2 mars 2019.

du Moyen-Orient, déclare que le soutien américain à la coalition, désormais restreint à l'encadrement, permettra de limiter le nombre de victimes civiles qu'aurait au contraire accru le complet retrait que réclamait le Congrès[1].

Le raisonnement est diabolique : mettre fin à l'engagement des États-Unis au Yémen aurait pour conséquence de déchaîner le carnage et le maintenir, de le brider. Vraiment ? L'ONU constate au contraire une escalade militaire et suggère que, formation américaine ou pas, les dirigeants saoudiens et leurs alliés n'ont guère pris de mesures pour minimiser les pertes civiles, particulièrement parmi les enfants. Mais le huis clos auquel confine ce conflit est plus que profitable à la coalition arabo-sunnite. Il l'assure que rien ne viendra véritablement contrarier son entreprise de destruction.

Le 29 juillet 2019, le Président des États-Unis impose encore une fois son véto, avec le même succès, à la nouvelle résolution du Sénat qui vise à prohiber toute vente d'armes à l'Arabie saoudite : le royaume wahhabite ressort comme le seul point constant de sa politique étrangère[2]. Un peu plus tôt, au printemps, profitant d'une faille juridique dans la législation sur les exportations de matériels de défense, Donald Trump a fourgué à MBS pour huit milliards de dollars de munitions à guidage de précision et autres gadgets militaires. Il s'est justifié de cette transaction au nom de la

---

1. Brian W. Everstine, « DOD Official: Ending US Support for Yemen Fight Would Worsen the Crisis », *AirForce magazine*, 29 avril 2019.

2. C'est tout le sens de la tribune dévastatrice que publie alors l'opposant démocrate Ro Khanna, « Trump's most consistent foreign policy: Defending Saudi Arabia », *The Washington Post*, 17 décembre 2019.

sécurité nationale en invoquant le danger que l'Iran fait peser sur l'approvisionnement en pétrole.

Comme annoncé, 2019 sera bien l'année des Saoud. Le 14 septembre, Donald Trump parade suite à la spectaculaire attaque des raffineries saoudiennes d'Abqaiq et Khurais par des drones houthis derrière lesquels il n'est pas interdit de voir la main de Téhéran[1]. C'est la preuve de sa qualité de visionnaire, revendique-t-il avec arrogance. Non sans vulgarité, afin de disculper le système antimissile Thaad, à portée de 800 kilomètres, et les batteries de Patriot Pac-3 pourtant pris en défaut, il va jusqu'à suggérer que les forces de la coalition sont incapables de s'en servir correctement. Tout à son triomphe, à aucun moment, le chef de la première puissance mondiale ne s'interroge sur la chaîne des événements et des responsabilités qui a porté la guerre du Yémen à ce paroxysme.

L'immunité dont Washington finit toujours par recouvrir Riyad ne date pas d'hier. L'Arabie saoudite est intouchable. Mais cette fois, le géant américain se montre incapable de faire entendre raison à un petit prince qu'aveugle son bellicisme. Malgré les avertissements qu'Human Rights Watch et Amnesty International n'ont cessé de répéter d'année en année depuis 2015, il s'est trouvé de hauts responsables sous l'administration de Barack Obama puis de Donald Trump pour militer en faveur du soutien inconditionnel aux autorités saoudiennes et émiriennes.

Le bilan moral est lourd pour la Maison-Blanche. Les partisans de cette alliance mortifère ont néanmoins rencontré

1. Laurent Lagneau, « Pour un groupe d'experts de l'ONU, les Houthis ne sont pas les auteurs des attaques contre les sites pétroliers saoudiens », Opex 360, *opex360.com*, 10 janvier 2020.

une vive opposition médiatique et parlementaire. Elle a su faire entrave à l'agenda du complexe militaro-industriel. Elle restera comme un crucial témoignage contradictoire dans les archives du tribunal de l'histoire. Et, dans tous les cas, cet acte officiel de dissidence aura réconforté et encouragé la résistance des Yéménites.

Il y a là, à mon sens, un sujet de réflexion pour l'Europe. La critique facile du régime américain est un art répandu parmi les élites du Vieux Continent, les parisiennes en premier lieu si promptes au sarcasme. Cet air de supériorité affecté a le don de m'exaspérer. C'est en réalité un cache-misère. Sans doute provient-il du fait que, dans l'ordre politique, l'Amérique, aussi rustre et naïve soit-elle, porte avec une certaine sincérité l'esprit démocratique des Lumières tel qu'il a été pensé par Locke et Montesquieu. Un esprit auquel, je n'y reviendrai pas tant je ne cesse d'y insister, nous semblons trop souvent avoir renoncé.

Aux États-Unis, la pratique des *checks and balances*, des poids et contrepoids, régule la séparation des pouvoirs en garantissant que chacun d'eux, exécutif, législatif, judiciaire, équilibre les deux autres en s'instituant au besoin comme un contre-pouvoir. D'où la capacité des deux bords de la scène politique, conservateur et progressiste, à travailler ensemble à des sujets d'intérêt national non-partisans, particulièrement lorsque les principes fondamentaux sont en cause. Les élus républicains et démocrates ont ainsi réussi à s'entendre pour faire bloc et dire non à la collusion avec la coalition arabo-sunnite dans la guerre au Yémen. Ils ont rompu le cercle asphyxiant du silence. Un sursaut d'humanité à l'honneur du Nouveau Monde qui n'est allé de soi sur le Vieux Continent, ni à Londres, ni à Paris.

AU ROYAUME DE SA MAJESTÉ

Amateur pour mon plus grand régal de formules définitives et donc forcément injustes, Napoléon Bonaparte disait que « l'Angleterre est une nation de boutiquiers ». À compulser les chiffres des ventes d'armes du Royaume-Uni, on se découvre toutefois à partager le jugement de l'Empereur. Deuxième fournisseur de l'Arabie saoudite en moyens létaux, Londres a livré sur le seul exercice 2017 pour la bagatelle de 1,1 milliard de livres sterling en équipements de guerre à Riyad[1]. Ce chiffre, en augmentation de 50 % sur l'année précédente déjà exceptionnelle, correspond à l'emballement des opérations de la coalition au Yémen. Mais il y a plus : la facture comprend la prestation des officiers instructeurs indispensables à leur maniement. Le coût moral de la transaction ne figure pas toutefois dans les rapports officiels sur la balance de l'import-export.

Il n'est guère surprenant que la rose des Windsor ait immédiatement exprimé son soutien à la campagne militaire engagée par le sabre des Saoud. Entre les deux familles royales, le souvenir de Sir Lawrence et de sa Légion arabe n'est jamais loin. De même que celui des traités d'alliance de Darin en 1915 et de Jeddah en 1927 signés par leurs

1. « UK sales of arms and military kit to Saudi Arabia hit £1.1bn in 2017 », The Guardian.

majestés Georges V et Abdelaziz Ier. Depuis, l'Angleterre n'a pas dérogé à son statut de premier partenaire européen de l'Arabie saoudite. Un partenariat tous azimuts qui vaut à la fois dans les domaines commercial, diplomatique et stratégique.

Le 27 mars 2015, un jour après le déclenchement de l'offensive, le ministre britannique des Affaires étrangères, Philip Hammond, se fend en personne d'une déclaration publique dans laquelle il précise que le Royaume-Uni « soutiendra les Saoudiens de toutes les manières possibles, sauf à participer au combat[1] ». Ce qui signifie, je traduis, que chez BAE et Raytheon-UK, les deux acteurs nationaux de l'industrie militaire et aéronautique, la cadence des chaînes de production va s'accélérer pour suivre le rythme des bombardements sur Sanaa. Une collaboration attendue au regard de la longue histoire des petites et surtout grandes affaires entre les deux États. Surnommé *Al Yamamah*, « la colombe » en arabe, l'accord élaboré par Margaret Thatcher en 1985 prévoit un troc entre armes et pétrole avec, à la clé, plusieurs contrats de vente qui, reconduits depuis, ont permis à Londres d'encaisser plusieurs dizaines de milliards de dollars, de procurer du travail à une centaine de milliers d'ouvriers paupérisés, de financer une partie du déficit public et de consolider la livre sterling. De quoi affronter le sourire aux lèvres les nombreuses accusations et procédures pour fraude et corruption qui ont suivi[2].

1. Arron Merat, « The Sauds couldn't do it without us: the UK's true role in Yemen's deadly war », *The Guardian*, 18 juin 2019.

2. Pour un tableau complet de cette relation, *The Al Yamamah arms deals*, The Fletcher School-Tufts University, *tufts-edu*, mai 2017.

Aussitôt que le gouvernement endosse la guerre au Yémen, elles dénoncent une grave compromission, arguant du désastre humanitaire qui se profile. Très présente dans la Corne de l'Afrique, Oxfam-UK est la première d'entre elles à critiquer le maintien des exportations militaires à destination de l'Arabie saoudite. Elles sont en effet exponentielles. Trois licences d'exportation dérogatoires ont été accordées entre 2013 et 2014 à BAE, lui permettant de vendre un nombre illimité de bombes à Riyad. Dans les six mois de folle escalade qui ont suivi le début des frappes aériennes, trente-sept licences d'exportation supplémentaires lui ont été délivrées. Les déclarations de Sir Roger Carr, le président de BAE, pour qui ces ventes d'armes sont non seulement « légales », mais « incitent à la paix », provoquent un tollé[1]. Sommé de s'expliquer, David Cameron, le chef du gouvernement, refuse de révéler les détails de ce *deal* au Parlement. Le Foreign office doit jouer au pompier en excusant les regrettables *bugs* de communication auquel expose le *confidential defense*[2].

Mais la vérité des chiffres qu'a révélée Human Rights Watch est accablante. En une grosse année, entre 2014 et 2015, le marché a été multiplié par près de trente-cinq, passant de 83 millions à 2,9 milliards de livres sterling. Dans le même temps, les fabriques de bombes installées en Écosse et dans le sud-est de l'Angleterre ont vu leur chiffre d'affaires bondir de neuf millions à plus d'un milliard de

1. Damien Gayle, « BAE chairman to peace activists: "weapons sales encourage peace" », *The Guardian*, 4 mai 2016.

2. Patrick Wintour, « Foreign Office retracts statements to MPs on Saudi campaign in Yemen », *The Guardian*, 21 juillet 2016.

livres sterling[1]. Le scandale est profond. Une vaste campagne contre le commerce des armes commence alors sur les réseaux sociaux britanniques. Elle a pour but de dénoncer le rôle actif que prend le Royaume-Uni dans la tragédie yéménite.

Or, ce rôle n'est pas que marchand. L'Arabie saoudite, premier exportateur mondial de pétrole, peut se payer n'importe quel arsenal, mais il lui manque la main-d'œuvre compétente pour l'utiliser et l'entretenir. Plus le matériel est innovant, plus l'assistance est requise. Et quand on fait commerce de bombardiers et de chasseurs *high tech*, on vend un kit complet, formation incluse. C'est pourquoi des officiers de la Royal Air Force (RAF) instruisent leurs homologues saoudiens au subtil maniement des Tornados et autres Eurofighters. Outre ce personnel institutionnel de liaison, des pilotes civils, également fournis par Londres, les forment à conduire et optimiser les attaques aériennes, avec une attention spéciale pour les centres urbains et les massifs montagneux, repaires de la rébellion ; des techniciens les accompagnent, qui gèrent à la fois la maintenance et les mouvements de la flotte aérienne, les stocks et les flux de l'armurerie, le contrôle et les signalements du système radar.

De vraies petites abeilles dans la ruche arabo-sunnite, ces Britanniques qui œuvrent à l'intérieur des bases d'opérations avancées de la coalition ! Ils seraient ainsi plusieurs centaines à s'employer à ce que la machine de guerre tourne à plein régime. Pour les journalistes d'investigation britanniques qui

1. Human Rights Watch, « Yemen: Embargo Arms to Saudi Arabia » *hrw.org*, 21 mars 2016.

sont à la source de ces divulgations, c'est une « guerre secrète » que mène le Royaume-Uni au Yémen[1].

Forcé de confirmer la présence d'officiers de la RAF au cœur du conflit yéménite, Michael Fallon, le ministre de la Défense, tient à sauver un semblant d'éthique – comme si ce souci avait un jour prévalu ! Il minimise leur participation en soulignant qu'ils n'exercent aucun rôle dans le choix des cibles, lequel est du seul ressort de Riyad et de ses alliés. Puis, non sans une pointe de cynisme, il explique que l'objectif de la formation qu'ils dispensent est précisément de garantir « les meilleures pratiques et le respect du droit international humanitaire[2] ». Décidément, à les en croire, les États marchands d'armes ne seraient jamais que de bons samaritains !

L'assertion du distingué *Secretary of State for Defence* de David Cameron ne tient pas, à l'évidence, une seconde. Les instructeurs ont bien pour mission de contribuer à ce que la coalition atteigne ses objectifs de guerre. Mais, Michael Fallon lui-même l'admet, ils n'ont pas à se mêler de la manière dont ils sont fixés. En langage diplomatique, le fait que la cible soit militaire ou civile ne les regarde pas. En langage commercial, pour le prestataire, le client est roi.

Toutefois, la pointe de réalisme cynique que recèle cette déclaration prend l'épaisseur du mensonge délibéré lorsqu'on la mesure à la réalité. Au cas douteux où son cabinet la lui aurait cachée, le précautionneux ministre aurait pu s'enquérir des enquêtes et des études indépendantes qui lui auraient

---

1. Ces différentes enquêtes ont été récapitulées dans un documentaire du magazine télévisé d'investigation *Dispatches*, « Britain's Hidden War », *Channel 4*, 1er avril 2019.

2. Arron Merat, « The Sauds couldn't do it without us: the UK's true role in Yemen's deadly war », *The Guardian*, 18 juin 2019.

dévoilé le vrai visage de la guerre du Yémen. Et se souvenir du dicton anglais, décalque du français : *who is silent consents.*

Chercheur au Washington Institute for Near East Policy, un centre peu suspect d'inclinations tiers-mondistes, expert dans les questions militaires du Golfe, Michael Knights a visité à plusieurs reprises la cité militaire de Khamis Mushait, frontalière du Yémen, après le début de l'offensive. C'est un tableau d'épouvante qu'il en a rapporté[1]. Il qualifie les sorties massives et continues qui, depuis cette base, ont déversé entre 2015 et 2016 un déluge d'acier sur la ville de Saada, de « campagne aérienne punitive et incontrôlée ». Et pour bien caractériser ce « bombardement terroriste », il ajoute : « On ne pouvait pas toucher plus de cibles civiles ». Si ce sont bien les Saoudiens qui « ont dressé la liste des infrastructures nationales à cibler comme nous l'avions fait pour l'Irak en 1991, dont les ministères, les ponts, les stations de traitement de l'eau », ils ont mené leurs frappes au vu et avec l'aide des experts occidentaux qui étaient sur place. Dès lors, comment les officiers de la RAF ont-ils pu laisser se produire une telle boucherie ? Et comment auraient-ils pu ne pas en prévenir leurs supérieurs à Londres ?

Comme la Maison Blanche, Downing Street prétend que sa participation a pour finalité d'éviter le pire. Mais le pire est d'ores et déjà advenu. Il a pour nom, entre autres, les attaques dites à double frappe auxquelles la coalition recourt intensivement. Le mécanisme est simple : une première bombe tombe pour « nettoyer » le secteur désigné et, quelques

---

1. Arron Merat, « "The Saudis couldn't do it without us": the UK's true role in Yemen's deadly war », *The Guardian*, 18 juin 2019. Cet article recourt intensivement au témoignage de Michael Knights dont on retrouvera les travaux sur le site *washingtoninstitute.org*.

minutes après, une seconde bombe est larguée pour finir ledit « nettoyage ». Le résultat est connu : les civils vivant alentour ou appartenant aux services de secours se précipitent sur le site dès la première explosion pour sauver les blessés et sont victimes de la deuxième. D'où le qualificatif de « bombardement de la Terreur ». Un système qui – ai-je besoin de le préciser ? – implique une haute maîtrise des opérations. Mais ce n'est rien de le dire tant que l'on n'a pas mis des lieux, des noms, des visages sur ces exactions.

Le 28 septembre 2015, la double frappe de missiles sur le village reculé d'Al-Wahijah où se déroule une fête de mariage provoque la mort de cent trente et une personnes, pour la plupart issues du monde paysan. Le feu croisé des Storm-Shadows à longue croisière tirés à 400 km, fabriqués en Grande-Bretagne, laisse derrière lui une image d'apocalypse. Sur la place municipale, encadrée d'arbres calcinés aux branches desquels pendent des lambeaux de chair, Mohammed Busaibis, le père du défunt marié, étreint le cadavre de sa propre mère. « Pourquoi nous ont-ils attaqués ? Il n'y a rien par ici. Pas de camps militaires, pas même de commissariat », hurle ce père de famille confronté à l'hécatombe de tous les siens tandis que les représentants de Mwatana, un groupe yéménite des droits de l'homme, arrivés sur les lieux contemplent avec effroi l'ancien bourg transformé en sépulcre[1].

De Tempête décisive en Restaurer l'Espoir rien ne change et, un an plus tard, le 8 octobre 2016, une double attaque aérienne s'abat sur Sanaa pour détruire un convoi, si ce n'est qu'il s'agit d'un convoi funéraire réunissant une grande

1. « Missile attack on Yemen wedding kills 131 », *Reuters*, 28 septembre 2015.

foule[1]. Les deux vagues de bombes, bénéficiant du système de guidage perfectionné en Grande-Bretagne, tuent cent cinquante-cinq personnes et en blessent plus de cinq cent vingt-cinq. Très peu de combattants et beaucoup d'innocents ont péri, dont le maire de la capitale, Abdel Qader Hilal, réputé pour son intégrité.

Même lorsque les frappes sont uniques, beaucoup d'entre elles visent des sites qui ne sont pas militaires, mais civils, et la violation n'est pas moins grave. Ce « pire »-là participe aussi de l'évidence. Le 23 septembre 2015, à l'ouest de Sanaa, la coalition éradique l'usine Radfan où trois à quatre centaines d'ouvriers fabriquaient avant la guerre de la céramique et de la porcelaine. Toute production a cessé en raison du manque de carburant pour faire fonctionner les machines. Le lieu est désert et aucune présence rebelle n'y a été notée. Cela n'a pas empêché les frappes sur ce site civil. Des missiles de croisière Hakim, à propulsion pneumatique, ont été utilisés. Ils sont produits en Grande-Bretagne.

Le 5 janvier 2016, déjà à Sanaa, la coalition prend pour cible la Chambre de commerce. Le bâtiment, qui employait cinquante-deux travailleurs, n'a jamais servi à un quelconque usage militaire. Il est rasé. Des grandes salles qui abritaient les services des archives, de l'assistance juridique et de la communication, il ne reste que des ruines ainsi que Khalid Ali al-'Olafi, le président par intérim de la Chambre, en fait la démonstration aux émissaires de Human Rights Watch le 24 mars suivant[2]. Ce sont des bombes Mk-82 de

1. « Saudi coalition violated law with Yemen funeral strike », *Reuters*, 10 octobre 2016.

2. « Bombing Businesses. Saudi Coalition Airstrikes on Yemen's Civilian Economic Structures », *hrw.org*, 11 juillet 2016.

500 livres qui ont été utilisées. Le lendemain de l'attaque, le 6 janvier 2016, à Hodeïda, en bordure de la mer Rouge, la coalition réduit en poussières un immense hangar qui servait de réserve alimentaire et où étaient rangées des palettes et des palettes de farine, sucre, riz et conserves, entre autres produits de première nécessité. Là encore, ce ne sont pas les rebelles, mais les civils qui sont frappés sous le tapis des bombes Paveway IV qui, comme les Mk-82, sont produites en Grande-Bretagne.

Chaque fois, les organisations humanitaires anglaises ont pris le soin de dépêcher des experts sur place afin de vérifier les faits et mesurer les dégâts. Chaque fois, l'opinion britannique s'est émue de la provenance des moyens létaux mis en cause. Le pire, pour elle, est d'avoir à constater que des armes anglaises servent à détruire des centres de vie et des stocks de denrée dans un pays qui, livré au chaos, sombre dans la famine.

Mais que pèsent des milliers, des dizaines, des centaines de milliers de pauvres et misérables Yéménites réduits à rien au regard des 5,7 milliards de livres sterling que Londres va retirer en cinq ans de son fric-frac avec la coalition ? David Cameron, le Premier ministre alors en poste, vante l'excellence de l'arsenal britannique et proclame que le Royaume-Uni continuera à vendre des armes à l'Arabie saoudite et aux autres États du Golfe. À la fin janvier 2015, peu avant le début des hostilités, il s'est rendu à Riyad pour assister aux cérémonies entourant le décès du roi Abdallah. C'est là qu'il a scellé alliance avec la jeune garde incarnée par Mohammed ben Salmane. L'accord comprend entre autres le soutien mutuel des deux nations pour s'imposer au sein du Conseil des droits de l'homme, organe des Nations unies[1]. C'est chose faite lorsque l'Arabie saoudite est nommée la même année, en septembre 2015, à son directoire – oui, l'Arabie saoudite, membre du Conseil des droits de l'homme. Cette promotion scandaleuse discrédite un peu plus l'institution internationale déjà accusée de partialité. Mais là, c'est « mettre un pyromane à la tête des pompiers[2] ».

Le Royaume-Uni apporte une aide diplomatique considérable à la coalition afin de sanctuariser son entreprise d'anéantissement du Yémen. Le 5 janvier 2016, l'ONU divulgue un premier rapport, documenté et volumineux, qui démontre pourquoi et comment les frappes aériennes de la coalition violent le droit international. Depuis Londres, Tobias Ellwood, le sous-Secrétaire d'État à la Défense en charge du monde arabe, dénonce une manipulation tissée de « contre-vérités » fabriquées : il affirme que, si les Saoudiens ont pu commettre des « erreurs », les Houthis ont « monté » de fausses preuves à l'encontre de leur adversaire pour se disculper de leurs propres atrocités[3]. Nauséabonde, cette petite musique diplomatique n'est pas sans rappeler les éléments langages en usage à Washington et Paris. Elle a pour refrain « Mes armes d'abord ! ».

Les ONG ne se résignent pas pour autant. Amnesty International et Human Rights Watch ne vont plus cesser d'accuser le gouvernement du Royaume-Uni de transgresser

---

1. Owen Bowcott, « UK and Saudi Arabia "in secret deal" over human rights council place », *The Guardian*, 29 septembre 2015.
2. UN Watch, « UK's "horrid" U.N. deal with Saudi Arabia », *unwatch.org*, 29 décembre 2015.
3. Chris Green, « Saudi Arabia: Evidence of attacks on Yemen civilians may have been fabricated by rebels, says UK minister », *The Independant*, 28 janvier 2016.

le droit national, européen et international. Elles intensifient leurs campagnes de sensibilisation et de mobilisation auprès de l'opinion britannique pour que stoppent les ventes d'armes à la coalition. Elles stigmatisent le refus systématique que Philip Hammond, à la tête des Affaires étrangères oppose à la constitution d'une commission d'enquête internationale indépendante sur la guerre que mènent en toute impunité MBZ et MBS. Leur écho reste limité jusqu'à ce que l'International Development Select Committee, la commission qui contrôle l'aide internationale à la Chambre des Communes, s'empare du sujet[1].

Là encore, comme aux États-Unis, la réaction vient de la représentation populaire. Elle bénéficie de la haute tradition du plus ancien régime parlementaire. Au pays de la *common law* et de l'*habeas corpus*, ces barrières juridiques à l'arbitraire politique, les élus acquièrent une véritable spécialité pendant leur mandat. Ils examinent les rapports annuels du gouvernement, demandent à l'exécutif de rendre des comptes sur son action et instruisent au besoin des contre-rapports accompagnés de questions auxquelles les ministres sont tenus de répondre. Ce qui vaut, bien sûr, pour l'industrie de défense et le commerce de l'armement – et que l'on ne dise pas qu'il en va de même en France : on verra plus loin que, malheureusement, les élus ne profitent pas d'une égale liberté des deux côtés de la Manche.

Dès le tout début 2016, la conviction que cette guerre oubliée n'est qu'injustice gagne la Chambre des Communes. Les parlementaires commencent à s'élever contre ce scandale

1. International Development Committee, « Yemen Crisis. Report », *publications.parliament.uk*, Session 2015-2016.

d'État. Angus Robertson est le premier d'entre eux. Cet ancien journaliste, qui a été le correspondant de la BBC en Europe centrale, porte une attention particulière au sort des minorités. Chef des députés du parti national écossais, il a su faire de son groupe un bloc progressiste et rivalise avec Jeremy Corbin, le représentant officiel de l'opposition travailliste. Le 20 janvier, lors de la séance des questions au gouvernement, il interpelle David Cameron: « N'est-il pas temps pour le Premier ministre d'admettre que la Grande-Bretagne participe effectivement à une guerre qui coûte cher au Yémen avec des milliers de civils victimes ?[1] ». Le *leader* écossais recourt à la même stratégie que ses collègues américains: cette guerre n'ayant pas été approuvée par le Parlement britannique, le gouvernement du Royaume-Uni ne peut autoriser les forces armées de la Couronne à collaborer avec la coalition.

Le moment est choisi. Une proposition de résolution commune a été déposée au Parlement européen. Votée le 25 février 2016, elle est adoptée à une large majorité. Prenant acte de la catastrophe yéménite, les eurodéputés demandent à Federica Mogherini, la Haute représentante de l'Union pour les Affaires étrangères, d'imposer un embargo sur les ventes d'armes à l'Arabie saoudite[2]. La résolution est évidemment non contraignante pour les États membres. Londres et Paris peuvent la balayer d'un revers de main. Ce qu'elles font.

Le gouvernement de Sa Majesté ne saurait suspendre son lucratif commerce. Le 13 juillet 2016, Theresa May succède

---

1. « Angus Robertson: "Britain 'effectively taking part in a war' in Yemen" », *The Independant*, 20 janvier 2016.
2. « Résolution du Parlement européen du 25 février 2016 sur la situation humanitaire au Yémen », *europarl.europa.eu*.

à David Cameron à Downing Street. L'ombre de Margaret Thatcher accompagne la deuxième femme dans l'histoire anglaise à occuper à la fois les postes de chef du parti conservateur et de Premier ministre. Maintenant la politique de son prédécesseur, elle réaffirme la priorité de l'alliance avec l'Arabie saoudite qui, dit-elle, « contribuera à garder la sécurité des passants dans les rues de Grande-Bretagne[1] ».

On croit rêver ! Le 22 mars 2017, après être intervenue devant la Chambre des Communes, Theresa May se trouvera à deux pas de l'attaque terroriste de Westminster où, tout à son honneur cette fois, Tobias Ellwood se portera courageusement au secours des victimes. Mais au cas où aucun de ces deux soutiens inconditionnels de Riyad ne l'aurait noté, l'auteur de l'attentat, Khalid Masood, de son vrai nom Adrian Russell Ajao, citoyen britannique originaire du Kent, s'était converti à l'islamisme en prison et radicalisé lors de ses cinq séjours dans le royaume wahhabite[2].

Le cycle des arrangements d'État reprend. Le 9 août 2016, une frappe saoudienne sur une fabrique alimentaire de Sanaa tue quatorze de ses employés. Le 25 août, un communiqué de l'ONU indique que, sur l'année écoulée, six sur dix des victimes civiles dans le conflit yéménite résultent des bombardements de la coalition sur des sites non-militaires. Le 4 septembre 2016, le ministre des Affaires étrangères, Boris Johnson, dans une réponse écrite au Parlement, fait un pas de plus dans la dénégation. Selon lui, il n'existe aucune

---

1. Rob Merrick, « Theresa May claims selling arms to Saudi Arabia helps "keep people on the streets of Britain safe" », *The Independant*, 7 septembre 2016.

2. « Attentat de Londres : deux nouvelles arrestations "importantes" » *Le Monde* avec l'*AFP*, 24 mars 2017.

preuve solide des violations du droit international humanitaire que Riyad perpétrerait au Yémen. Il décline l'idée qu'il faudrait saisir sans attendre le Conseil des droits de l'homme des Nations unies afin qu'il enquête sur les assertions des ONG. Il estime préférable que l'Arabie saoudite conduise ses propres investigations et note qu'elle est prête, en cas d'erreur de tir, à compenser des dommages qui seraient alors nécessairement « collatéraux ». En attendant, les ventes d'armes continueront mais, promis, le gouvernement restera attentif à recueillir toute « information pertinente » sur cette question[1]. Fermez le ban !

La réalité finit toujours par rattraper qui croit pouvoir être juge et partie. Le cynisme du sémillant Bo Jo cédera la place à l'indifférence du distingué Boris Johnson lorsqu'il passera d'un bâtiment à l'autre de Downing Street. En cet automne 2016, dix-huit mois après le début de l'opération Tempête décisive, les pilotes de la Royal Air Force anglaise continuent de donner des instructions aux pilotes de la Royal Saudi Air Force. Rien que de plus normal puisque ce sont leurs anciens élèves : depuis le début de l'intervention au Yémen, plus de quarante officiers saoudiens ont été formés dans les prestigieuses académies de Sandhurst, Cranwell et Dartmouth[2]. Je ne peux m'empêcher de penser que, compte tenu des bavures de la coalition, on peut s'interroger sur l'excellence réputée des Anglais en matière de formation militaire.

Les témoignages d'anciens attachés de défense viennent conforter l'appel des ONG à ce que cessent les ventes

---

1. Patrick Wintour, « Boris Johnson defends UK arms sales to Saudi Arabia », *The Guardian*, 5 septembre 2016.
2. Ben Quinn, « Dozens of Saudi military cadets trained in UK since Yemen intervention », *The Guardian*, 10 avril 2019.

d'armes à l'Arabie saoudite. Et le jugement, lui sans appel, de Priyanka Motaparthy, responsable des situations d'urgence à Human Rights Watch : « Ces révélations confirment une fois encore que l'armée britannique travaille main dans la main avec les Saoudiens[1]. »

Quand la vie cessera-t-elle d'être sacrifiée à la cupidité ? À l'approche de Noël 2016, les journaux du Royaume-Uni affichent en une des enfants victimes de la famine, au corps émaciés qui tentent de survivre comme la jeune Saïda Ahmad Baghili, âgée de 18 ans, qui paraît n'être plus qu'un squelette et dont seuls les grands yeux animés d'une insoutenable douceur indiquent qu'elle appartient encore au monde des vivants[2]. La presse engage l'opinion publique britannique à s'élever contre la catastrophe humanitaire qui étreint un pays au bord de l'effondrement et à laquelle le gouvernement de leur pays n'est pas étranger. D'anciens responsables politiques commencent à dénoncer ce qu'ils avaient autrefois cautionné. Repentant, Andrew Mitchell, l'ancien ministre au développement international dans le gouvernement de David Cameron, publiera une tribune, que je reconnais émouvante, expliquant en quoi « la Grande-Bretagne est complice dans la famine qui ravage le Yémen[3] ».

Par-dessus tout, au Royaume-Uni, le droit a encore un sens. L'organisation humanitaire Campaign Against the Arms Trade (CAAT) le sait. Elle s'est déjà distinguée devant les tribunaux en 2007 lorsqu'elle a dénoncé les fraudes commises

---

1. *Ibid.*
2. Duncan Geddes, « Yemen conflict's starving girl shows the will to live », *The Sunday Times*, 9 décembre 2016.
3. Andrew Mitchell, « Britain is complicit in Saudi Arabia's war on Yemen », *The Guardian*, 13 juin 2018.

par BAE dans le cadre des accords secrets entre Londres et Riyad. Depuis, elle tient l'Arabie saoudite dans sa ligne de mire et la guerre du Yémen lui offre sur un plateau l'opportunité d'une nouvelle bataille juridique[1]. Le 4 décembre 2016, conjointement avec Amnesty International, Human Rights Watch et Rights Watch UK, la CAAT dépose une plainte contre le ministère du Commerce extérieur et les ministères associés auprès de la Haute Cour de Justice, juridiction supérieure de première instance. Les associations veulent que soit reconnue l'illégalité des exportations d'armes à destination de la coalition. Leur demande, comme l'on pouvait s'y attendre, est rejetée le 10 juillet 2017 par la Haute Cour.

La CAAT et ses homologues introduisent alors un recours auprès de la Chambre civile de la Cour d'Appel, deuxième instance du pays qui a charge d'examiner la régularité des décisions de justice. Ses magistrats statuent, le 20 juin 2019, que le gouvernement britannique a poursuivi à tort ses ventes d'armes à l'Arabie saoudite. Ils invoquent pour ce faire l'absence de toute procédure adéquate qui aurait permis d'évaluer les accusations de crimes de guerre portées à l'encontre des parties belligérantes dans le conflit du Yémen. Le 27 juin, le gouvernement demande à la Cour d'appel qu'elle l'autorise à se pourvoir en cassation devant la Cour suprême, la plus haute juridiction royale, et qu'elle suspende son jugement jusqu'à cette échéance fixée le 23 novembre 2020. La Cour d'Appel entérine la première requête, mais refuse la seconde.

---

1. Pour l'ensemble des repères chronologiques, actes judiciaires et déclarations politiques de ce dossier, voir Campaign Against the Arms Trade, « Saudi Arabia - legal challenge », *caat.org.uk*, 1er mai 2020.

Si cette décision n'est pas définitive, elle est historique. Et suscite un grand émoi. Le lendemain de son annonce, Sir Terence Etherton, le Master of Rolls ou président de la Chambre civile, précise qu'il n'a pas agi par idéologie mais par devoir car, pour lui, les ministres mis en cause non seulement « ne se sont jamais inquiétés de savoir si la coalition dirigée par l'Arabie saoudite viole le droit international humanitaire au Yémen », mais encore ils « n'ont pas esquissé la moindre tentative de s'en soucier ». Les deux autres juges de la Cour d'appel confient leur assurance que lesdits ministres, Boris Johnson, Jeremy Hunt et Liam Fox, sont secrètement convenus d'abstraire ce critère de leurs décisions.

L'affaire fait scandale. Tout en regrettant qu'il ait fallu engager une action en justice pour forcer le gouvernement à respecter ses propres règles, Andrew Smith, le directeur de la CAAT, appelle à l'arrêt immédiat de toute vente d'armes à Riyad. L'opposition travailliste se saisit de sa déclaration pour tenter de déboulonner le gouvernement conservateur. Le chef du Labor Party, Jeremy Corbyn, réclame une commission d'enquête et somme à son tour Theresa May d'obtempérer : « Les conseils, l'assistance et les livraisons d'armes du Royaume-Uni pour la guerre de l'Arabie saoudite au Yémen sont une tache morale pour notre pays. Les ventes d'armes à l'Arabie saoudite doivent cesser maintenant[1]. » Son émule, le jeune député Lloyd Russell-Moyle, qui a témoigné devant la Cour, dénonce l'immoralisme qui règne « au sommet du parti conservateur », réclame la tête de Boris Johnson et profite de sa sortie polémique pour

1. Peter Walker, « UK partly responsible for Yemen civilian deaths, says Labour », *The Guardian*, 7 mars 2018.

condamner le Brexit[1]. Enfin, dans le *Financial Time*, David Miliband, qui a été en charge des affaires étrangères auprès de Tony Blair avant de faire carrière dans l'humanitaire, exige que le Royaume-Uni repense entièrement ses relations avec l'Arabie saoudite et s'abstienne à l'avenir, en matière de vente d'armes, de contracter avec tout pays susceptible d'enfreindre le droit international[2].

Je ne connais que trop bien moi-même les règles du jeu politicien : il veut que l'opposition s'empare de toute affaire gênante pour le gouvernement en place et l'instrumentalise en prenant le contre-pied. Ce qui n'est pas vraiment à l'honneur de la démocratie. Mais, dans ce cas, même si elle est tardive et quelque peu opportuniste, la réaction travailliste profite aux Yéménites, au moins pour que leur soit accordé un peu d'attention, peut-être de répit et, donc, je m'en satisfais.

Désireux de se concilier les bonnes grâces de la Cour suprême en faisant profil bas, le gouvernement reste de marbre. Liam Fox, le secrétaire d'État au Commerce international, confirme la suspension de toute nouvelle licence d'exportation d'armes au profit de la coalition dans le cadre de la guerre du Yémen mais infirme l'extension de cette suspension aux licences octroyées antérieurement. Dans un clin d'œil aux industriels de l'armement, il martèle que la Cour n'a pas jugé contraire à l'éthique de vendre des armes à l'Arabie saoudite, mais inadaptée « la rationalité de la procédure de décision » !

---

1. Lloyd Russell-Moyle, « The arms trade isn't the post-Brexit future we're looking for », *The Guardian*, 27 décembre 2018.
2. David Bond, « David Miliband adds to criticism of UK arms sales to Saudi Arabia », Financial Time, 18 février 2019.

La victoire dans la salle d'audience n'accorde qu'un sursis à la conscience éthique qui vient de s'affirmer dans l'opinion britannique. Il lui faudra ne pas se démobiliser pour que sa solidarité de principe avec le peuple yéménite devienne effective. Pour autant, le jugement de la Cour d'Appel a marqué un tournant. Comme le souligne l'analyste Anna Stavrianakis, spécialiste des relations internationales à l'université du Sussex, la justice a montré combien le gouvernement « avait fermé les yeux sur la réalité des événements » et qu'il y avait bien nécessité de « responsabiliser le Royaume-Uni pour le rôle qu'il joue dans la guerre au Yémen[1] ».

À Londres comme à Washington, les ventes de matériels de guerre à la coalition arabo-sunnite ont fini par faire scandale. Elles ont été dénoncées, encadrées, limitées voire suspendues. Pendant ce temps, Paris continue de vendre des armes à Riyad et à Abu Dhabi. Comme si la France bénéficiait d'une exception au sein du trio infernal et qu'à la différence du Royaume-Uni et des États-Unis, elle n'était pas susceptible d'être accusée de complicité dans des crimes de guerre.

---

1. Anna Stravarianakis, « UK arms exports are still playing a central role in Yemen's humanitarian crisis », *The Guardian*, 21 mai 2019.

DANS LA RÉPUBLIQUE DES DROITS DE L'HOMME

Il est de bon ton dans l'hexagone de dénoncer l'emprise qu'exercent les complexes militaro-industriels au sein des nations de culture anglo-saxonnes. Quitte à jouer le rôle de trublion, je dois rappeler que la France a aussi le sien et non des moindres. Il lui permet, depuis 1950, de se classer aux tout premiers rangs des pays exportateurs d'armes. Juste derrière les États-Unis d'Amérique et la Fédération de Russie, elle dispute régulièrement la troisième place du podium à la Grande-Bretagne et remporte haut la main la quatrième ou la cinquième les mauvaises années[1]. Même si les intrusions récentes de la Chine et, plus bas dans le peloton, de l'Allemagne, d'Israël ou de l'Ukraine ont complexifié le tableau, de même que l'apparition progressive de consortiums européens comme Airbus en brouille quelque peu la lisibilité, ce triste palmarès montre une étonnante stabilité.

C'est que pour l'ensemble des concurrents en lice, ce marché constitue une affaire d'État. Sauf que peu d'entre eux peuvent s'enorgueillir de la longue et puissante tradition

1. Romain Subtil, « La France sur le podium des exportateurs d'armes », *La Croix*, 9 mars 2020. Cet article se réfère aux données collectées par le Stockholm International Peace Research Institute dans son *yearbook* 2019, *sipri.org*.

colbertiste qui caractérise la France. Et que, autre trait historique, chez elle qui dit État dit politique d'État : à la manière des submersibles qu'elle fabrique, l'industrie française de l'armement a traversé sans encombre les remous de la Ve République[1]. Son avantage est qu'elle lie comme nulle autre le public et le privé, le national et l'international, le profit économique et l'influence diplomatique. Et qu'un tout petit monde en décide dans son coin.

Afin de désigner la forte interdépendance hexagonale entre l'appareil gouvernemental, les administrations centrales, les états-majors des armées et les grands groupes industriels, les spécialistes emploient la formule de « méso-système français[2] ». Pour le dire autrement, la France se caractérise par un réseau mixte d'intérêts divers mais solidaires au sein duquel la Direction générale de l'armement (DGA) joue le rôle de trait d'union : dépendante de Brienne, elle n'œuvre pas moins sous les regards attentifs de Matignon, de Bercy et du Quai d'Orsay tandis que sa tutelle ultime s'exerce à l'Élysée. La direction est en effet un outil censé épauler à la fois l'indépendance militaire et l'innovation technologique, le revenu intérieur et le commerce extérieur, tout en servant de médiateur à l'ensemble des acteurs concernés, dont les conglomérats régis par ses soins mais aussi ceux cotés en bourse[3].

1. Dès l'arrivée de Valéry Giscard d'Estaing au pouvoir, en 1974, cette prééminence est confirmée comme le montre alors le haut fonctionnaire Jean-François Dubos, *Ventes d'armes : une politique*, Gallimard, 1974. L'alternance socialiste de 1981 n'y change rien : Jean-Paul Hébert et Maurice Vaïsse (dir.), *Armement et Ve République*, CNRS Éditions, 2002.

2. Claude Serfaty, *L'industrie française de défense*, La documentation française, 2014.

3. Romain Mielcarek, *Marchands d'armes, enquête sur un business français*, Taillandier, 2017.

Consacrée à la maîtrise d'œuvre, la DGA administre indirectement, avec le concours de ses 10 000 agents, un secteur qui emploie 160 000 personnes et elle engage en dépense de crédits une enveloppe annuelle de 17 milliards d'euros[1]. Elle traite ainsi avec tous les groupes d'armement français qui soit ont l'État pour actionnaire, soit dépendent de son carnet de commandes. Une simple logique gouverne son activité : pour financer la qualité et la performance des équipements militaires destinés à l'armée française, il faut les exporter à l'étranger.

Du coup, l'État est omniprésent dans l'une des rares industries nationales qui est à un solde positif et qui contribue à réduire l'abyssal déficit de la balance commerciale[2]. Il en est le premier client, mais pas seulement. S'essayant tous les rôles, il est aussi actionnaire. L'État possède 18 % de Safran, 27 % de Thalès, 63,5 % de Naval Group, naguère la Direction des constructions navales (DCNS) victime du *globish* d'aéroport, et couvre ainsi les mers, les terres, les airs. Il détient également des participations dans des fleurons typiquement français tels que Dassault-Aviation mais aussi dans des géants européens tels que MBDA, filiale commune à Airbus, dont il possède 11 % des actions, au britannique BAE Systems et à l'italien Leonardo. Lui-même sait jouer à l'expert en fusion et acquisition comme lors de la constitution de la holding KNDS qui réunit le canonnier Nexter, l'ancien GIAT industries, dont il est propriétaire à 100 %,

1. Antoine Hasday, « La France est-elle inféodée à son industrie de l'armement ? », *Slate*, 11 août 2017.

2. Les données qui suivent procèdent des rapports de l'Agence des participations de l'État (APE) affiliée au ministère de l'Économie et des Finances : « Industrie, Panorama sectoriel », *économie.gouv.fr.*, 2019.

et l'armurier allemand Krass-Maffei Wegmann (KMW). En bon acteur capitalistique, soucieux d'influer sur les choix industriels de ces entreprises, l'État exerce le plus souvent un droit de vote double au sein de leur conseil d'administration et s'efforce d'y obtenir ou d'y maintenir un *golden share*, ce droit de véto particulièrement précieux dans le cadre de la négociation des conventions ou de la protection des actifs.

Client, actionnaire, l'État sait de plus se montrer financeur et investisseur. L'argent public représenterait en moyenne 70 % du chiffre d'affaires de l'industrie française d'armement. Et si les dépenses militaires comptent pour environ 2 % dans l'économie nationale, ce secteur absorbe plus de 20 % des dépenses en recherche et développement technologique[1]. Quand il ne l'aide pas par ses achats, il soutient le secteur par le biais de BPI France qui propose deux programmes de prêts concertés avec la DGA dans le domaine militaire : Sofired - PME Défense pour l'activité et Astrid pour l'innovation[2]. La ligne de crédit de l'État s'étend généreusement à l'étranger : en cas de gros contrat, il se porte garant du pays acquéreur qui présente une solvabilité incertaine ou va même jusqu'à lui avancer les acomptes qui permettent de sceller la transaction.

Arrivé à ce point d'implication, il ne lui reste plus, autre rôle déterminant, qu'à s'employer comme représentant de commerce pour les industriels militaires français. Ce qu'il

---

1. Claude Serfati, propos recueillis par Olivier Petitjean, « L'armée et les industries d'armement sont plus que jamais chez elles dans la Ve République », Observatoire des multinationales, *multinationales.org.*, 21 avril 2017.

2. Bpifrance, « Les aides pour le secteur de la défense », *les-aides.fr*, 28 novembre 2017.

fait le plus institutionnellement qui soit entre autres avec l'Office français d'exportation d'armement (ODAS) qui a succédé en 2008 à la Société française d'exportation de systèmes d'armes (SOFRESA) créée en 1974 par le gouvernement Messmer. Traditionnellement dirigée par un amiral, il s'agit d'une société mixte dont l'État détient 34 %, le reste du capital revenant aux grands groupes nationaux tels que Naval Group et Thalès.

Enfin, et à tous les sens, l'État fait la loi dans ce secteur. En raison du caractère stratégique des entreprises d'équipements militaires, il a adopté des mesures d'encadrement qui visent à protéger leur capital des influences étrangères. Par ailleurs, c'est lui qui définit les règles d'exportation des matériels d'armement qui sont soumises au Code de la Défense. Omniprésent, l'État est-il pour autant omniscient ? Pour certains experts, dans ce secteur comme dans d'autres, le carcan étatique aboutit à un affaiblissement de la compétitivité qui se traduit par un surcoût pour le contribuable[1]. Mais plus encore que cette critique d'inspiration libérale, ce sont les risques encourus par la liberté et la morale qui font question dans ce commerce quasi nationalisé. Une interrogation dont il m'apparaît qu'elle devrait être cruciale pour la République qui prétend incarner le berceau de l'aspiration universelle aux droits de l'homme. Et dont je précise sans attendre, n'écrivant pas un thriller et n'ayant pas de suspense à ménager, qu'elle est régulièrement étouffée.

---

1. Position qu'exprime le spécialiste des affaires publiques Ferghane Azihari dans sa tribune « L'industrie de l'armement sclérosée par l'État actionnaire », *Les Échos*, 14 septembre 2018.

L'État justifie cette vaste imbrication en invoquant le but supérieur que représente la nécessité d'assurer l'indépendance militaire de la France. Il insiste, affirme qu'il tâche de faire pour le mieux en l'état calamiteux du monde. Si ce n'est que ce « méso-système » favorise de troublantes confusions et, parfois, de graves collusions. À s'impliquer plus qu'activement dans la vente d'armes tous azimuts, la puissance publique perd en pouvoir régalien dont la condition première est la neutralité face aux intérêts particuliers. Que des sociétés commerciales à capital privé soient plus portées par l'appât du gain que par le souci de l'humanitaire n'étonnera personne. Mais que l'État, qui incarne l'intérêt général, ratifie à tout-va d'une main les conventions internationales sur les droits humains et expédie de l'autre des caisses de munitions à qui mieux mieux et avec une absence de scrupules digne de Yuri Orlov, le *Lord of War* interprété à l'écran par Nicolas Cage, a quelque chose de sidérant[1].

Le passé ne passe pas. Il se télescope subrepticement avec le présent. Hier, Paris s'est si rarement embarrassé de questions éthiques que la répression sanglante des émeutes de Soweto en 1976 ne l'a pas empêché de continuer de livrer des armes à Pretoria : bien que placée alors sous embargo par le Conseil de sécurité des Nations unies en raison de son régime d'apartheid, l'Afrique du Sud figurait parmi

1. De son vrai nom Viktor Bout, cet Ukrainien qui a fait fortune sur les ruines de l'URSS, a assuré en partie le pont aérien que nécessitait l'opération Turquoise menée par la France au Rwanda en 1994. Jean Guisnel, « Qui est vraiment Viktor Bout, le "marchand de mort" ? », *Le Point*, 12 octobre 2011.

ses clients privilégiés[1]. Aujourd'hui, Paris vend à gogo des matériels de guerre à l'Arabie saoudite de Mohammed ben Salmane et met ses facultés de crédit au service de l'Égypte d'Al-Sissi en passant outre les demandes de retenue émises par l'Union européenne.

Là encore, le problème vient de loin. La SOFRESA a été fondée hier pour soutenir les ventes d'armes au Moyen-Orient, notamment à Riyad, au moment du premier choc pétrolier et afin de le compenser, les malheurs des uns faisant les bonheurs des autres. Or, aujourd'hui, l'ODAS est menacée dans son existence parce que ses procédures tatillonnes mécontentent le royaume wahhabite qui entend désormais traiter directement de ses achats avec le gouvernement : les Saoudiens ont au moins pour eux d'avoir pertinemment identifié où est le vrai centre de décision[2].

On m'objectera que l'État a fait des efforts de moralisation. Ce n'est pas faux. Il a dû ainsi s'emparer de la question des compromissions et de la corruption que produit un tel système d'imbrications. Mais ce n'est qu'en l'an 2000 que Paris a adopté des mesures législatives conformes au Code de l'Organisation de coopération et de développement économiques (OCDE) et a commencé de réprimer le recours endémique à « l'arme de la corruption massive » pour décrocher des contrats d'armement à l'étranger[3]. Si le

1. « Afrique du Sud : la France a joué un rôle central pour armer le régime de l'apartheid », TV5Monde, *information.tv5monde.com*, 14 septembre 2017.

2. Michel Cabirol, « L'Arabie saoudite à la France : ODAS, *khalass* (Ça suffit) », *La Tribune*, 29 mars 2016.

3. Jean Guisnel, *Armes de corruption massive : Secrets et combines des marchands de canons*, La Découverte, 2011.

monde interlope des intermédiaires est désormais un peu plus contrôlé, les arrangements restent nombreux. Les révélations sur les détournements de procédures et versements de rétro-commissions viennent, à intervalles réguliers, éclabousser les gouvernements et les partis quelle que soit la couleur politique affichée. Sans compter les règlements de compte occultes par services interposés. Pour mémoire le « scandale Karachi », en référence à l'attentat-suicide qui le 8 mai 2002 a causé la mort de onze cadres français de la Direction des constructions navales, a donné lieu à l'affaire éponyme, liée à la vente de sous-marins Agosta au Pakistan et, on l'oublie trop souvent, de frégates Al Makkah à l'Arabie saoudite : la thèse d'une opération de représailles pour motif financier sous couvert de terrorisme islamiste reste âprement discutée[1]. Dans le même temps, on peut s'étonner que dans un cas, Islamabad, la justice française se soit très intéressée à ces ventes mais si peu dans l'autre, Riyad, alors que les mêmes intermédiaires, Ziad Takieddine et Abdul Rahman El-Assir, seraient intervenus dans les deux[2].

D'où le caractère biface de ce singulier commerce. Le laxisme moral dont il peut être le sujet n'a d'égal que le rigorisme légal dont il est l'objet. En France, le marché des armes est prohibé, l'État donc en décide. Il est contrôlé, l'État donc l'administre. Il est concerté, l'État donc le gère. Mieux, en principe, il est encadré et régulé par le droit à tous niveaux, de la législation de la République aux dispositions des organismes internationaux, en passant par les

1. Hervé Gattegno, « Les mobiles cachés de l'attentat de Karachi », *Le Point*, 4 décembre 2008.

2. Renaud Lecadre, « Karachi : une affaire politique très rétro », *Libération*, 6 octobre 2019.

obligations de l'Union européenne[1]. Un droit dont l'État se veut le champion. À tout le moins, en apparence.

Que l'on me fasse l'amitié de me suivre dans ce dédale réglementaire car chaque détail en est édifiant. Pour ce qui est de l'appareil juridique national, outre les mesures anti-corruption adoptées le 29 septembre 2000, l'arrêté du 27 juin 2012 fixe la liste « des matériels de guerre et matériels assimilés soumis à une autorisation préalable d'exportation et des produits liés à la défense soumis à une autorisation préalable de transfert ». Conformément à la loi n° 2013-1168 du 18 décembre 2013, le gouvernement doit présenter un rapport annuel devant le Parlement.

Dans le cadre européen, la France s'est engagée à appliquer les critères définis par la Position commune 2008/944/PESC du 8 décembre 2008 « définissant des règles communes régissant le contrôle des exportations de technologie et d'équipements militaires » et au niveau international par le traité sur le commerce des armes. Là encore, cette disposition l'oblige à contribuer au rapport de l'Union sur les exportations d'armement des États membres qui est présenté chaque année le 1er juin devant le Parlement de Strasbourg pour l'exercice de l'année précédente.

Enfin, outre les divers traités, conventions et pactes internationaux dont la France est signataire, elle est État partie au Traité sur le commerce des armes (TCA ou ATT en anglais) adopté par l'ONU le 2 avril 2013 et entré en vigueur dix-huit mois plus tard le 24 décembre 2014 – veille de Noël,

1. L'ensemble de ces dispositions est décrit et revendiqué par le Secrétariat général de la défense et de la sécurité nationale (SGDSN) sur son site officiel, *sgdsn.gouv.fr*.

quel cadeau ! La France l'a pour sa part ratifié le 2 avril 2014. À ce titre, elle doit également remettre le 31 mai de chaque année un rapport au Bureau du désarmement des Nations unies et concourir au Registre des armes classiques qui vise à établir en transparence la nature et le volume des transferts d'armes à l'échelle mondiale[1].

Sur le versant pratique, la procédure d'octroi de licence d'exportation ne paraît pas moins stricte et contraignante que l'encadrement légal[2]. La licence dite générale échappe à ce type d'examen puisqu'elle prédéfinit directement par l'État. En revanche, toute société désireuse de contracter avec une puissance étrangère doit obtenir de ses services soit une licence individuelle, qui vaut une fois pour une transaction définie, soit une licence globale qui vaut pour un marché à durée limitée mais sans plafond de volume ou de montant. De surcroît, au nom du principe de sécurité, la procédure s'exerce en deux temps de contrôle distincts, l'autorisation et le transfert.

La Commission interministérielle pour l'étude des exportations des matériels de guerre (CIEEMG) est la pierre angulaire du premier. Présidée par le Secrétaire général de la défense et de la sécurité nationale (SGDSN), la CIEEMG se réunit mensuellement pour émettre un avis sur les demandes

1. Si l'efficacité du TAC laisse sans surprise à désirer, il marque néanmoins l'inscription des droits de l'homme dans cet univers du tout-profit : Abdelwahab Biad, « Le traité sur le commerce des armes classiques : entre accord de maîtrise des armements et instrument à dimension humanitaire », *Annuaire français de droit international*, 60, 2014. p. 195-215.

2. Direction générale des relations internationales et de la stratégie (DGRIS), « Contrôle des exportations de matériels de guerre et assimilés : le dispositif français », Ministère des Armées, *defense.gouv.fr*.

de ventes d'armements à l'étranger déposés par les sociétés exportatrices. Elle comprend les représentants à voix délibérative des ministères des Armées, des Affaires étrangères, de l'Économie et, à voix consultative, de la Recherche, de l'Intérieur, ainsi que de l'univers du Renseignement, du cabinet du Premier ministre et de l'État-major particulier du président de la République. Autant dire que l'ensemble de l'exécutif y siège. Son propos est d'examiner les projets d'exportation au regard de leurs conséquences sur la paix et la sécurité globales. Sont ainsi évalués le sérieux de l'exportant, la qualité du pays destinataire en termes de légitimité politique et d'équilibre social, la stabilité du contexte régional au vu des conflits existants ou potentiels, la nécessité de ne pas exposer les forces françaises ou alliées stationnant sur place ou à proximité, l'impératif de maîtriser le transfert des technologies sensibles et le risque de détournement au profit d'utilisateurs finaux non autorisés. Si l'avis de la Commission est positif, l'agrément préalable à la signature du contrat de vente est donné au nom du Premier ministre par le Secrétaire général.

Dans un second temps, est requise l'obtention du document douanier qui permet l'exécution concrète du contrat, à savoir l'autorisation d'exportation de matériels de guerre (AEMG) que le ministère du Budget délivre à la société demandeuse après avis de la Direction générale des douanes et des droits indirects (DGDDI). Elle n'est effective que si le pays acheteur a souscrit, autant que de besoin, au certificat d'utilisation finale (CUF) et à la clause de destination finale, c'est-à-dire s'il s'est engagé à ne pas de procéder à aucune réexportation (CNR), ce qu'il a garanti en déposant une caution forfaitaire qui lui est restituée à la livraison. Ce n'est d'ailleurs pas la seule garantie financière auquel l'État recourt. Quitte à passer pour un vulgaire boutiquier traquant le débiteur douteux, il peut imposer une clause de paiement intégral à la commande, la marchandise n'étant alors expédiée qu'une fois l'argent entré dans les caisses[1].

Quelle volonté de contrôle ! Quel luxe de critères et de précautions ! Quelle impressionnante mécanique ! Et qui paraît d'autant plus solide que l'État se réserve d'appliquer un droit de véto à tout moment de l'examen de la licence et de vérifier après coup la bonne conduite tant de la société exportatrice que du pays importateur. Présent d'un bout à l'autre de la chaîne, il en assure le fonctionnement objectif. Voilà donc pour le décor. Et dans les coulisses ?

Suivant le schéma officiel, les autorisations à exporter des armes sont accordées par le Premier ministre au terme d'un long processus délibératif. Sous la Ve République, elles relèvent néanmoins du domaine réservé du président qui, selon la Constitution, est à la fois chef de l'État, chef de la diplomatie et chef de la guerre[2]. Sur chaque dossier majeur, c'est lui qui tranche en dernière instance quand il n'en est pas plus simplement à l'initiative. Sa décision intègre les avis de l'administration mais reste dans son essence politique. Son pouvoir arbitral comprend une capacité d'arbitraire et, à moins de se démettre, aucune commission ne saurait vraiment dire non à un souhait émanant du « château ». Tout

1. La succincte notice de la DGDII « Exportation de matériels de guerre et matériels assimilés vers un pays tiers à l'UE », *douane.gouv.fr*, ne manque pas de renvoyer au site public de la DGA, *Ixarm le portail de l'armement*.

2. Voir par exemple l'article si révélateur que signé de la rédaction : « Comment Macron soutient les ventes d'armes à l'Arabie saoudite », *Challenges*, 22 février 2018.

au plus elle préférera ouvrir le parapluie et rédiger une note de prévention frappée du cachet « secret défense » scellant son enterrement[1].

Autre trompe-l'œil, les procédures d'attribution sont réputées être abondamment documentées – toujours l'argument bureaucratique ! De fait, elles le sont, sans doute à proportion de la bonne conscience que veulent se donner ceux qui les actent. Mais, outre que la volonté politique influe sur la manière dont elles sont instruites, puisque l'autorité qui en a la charge n'est pas indépendante, elles ont aussi leur part d'automaticité administrative. Et au sein du petit monde que représente le complexe militaro-industriel français, les demandes de licence générale ou globale sont le plus souvent connues et appréciées, quand elles ne sont pas entérinées, avant même d'être examinées[2].

Il en va pareillement pour les comptes rendus d'activité nationaux ou internationaux. Ils sont de mise, mais dès qu'il s'agit de rapporter l'état exact de ses transactions à l'Assemblée et au Sénat, au Parlement européen ou aux instances onusiennes, la France éprouve un flegme grandissant à remettre sa copie en temps et en heure. Ce que l'on peut comprendre tant cette nouvelle avalanche de paperasseries ne change rien à rien. Tout y est affaire de présentation, d'exposition et d'argumentation au détriment de l'information.

Néanmoins, ce dispositif si sérieux de contrôle laisse voir un certain flou dès qu'il est lui-même sérieusement contrôlé.

---

1. Sur l'utilisation politique de la confidentialité étatique, voir Vincent Lamigeon, « La vérité sur… le contrôle des ventes d'armes en France », *Challenges*, 15 septembre 2019.

2. Stéphane Aubouard, « Démocratie. Face à l'industrie militaire, notre République désarmée », *L'Humanité*, 2 avril 2019.

Le 18 juillet 2018, auditionnant Claire Landais, en charge de la CIEEMG pour le SGDSN, les députés membres de la Commission des Affaires étrangères ont ainsi appris qu'il existe « des marges d'appréciation » lorsqu'il s'agit de contracter avec des pays qui n'ont pas ratifié le Traité sur le commerce des armes et que le constat de « situations de décalage », c'est-à-dire l'achat à titre défensif et l'utilisation à titre offensif, n'oblige pas nécessairement à « remettre en question la présence des équipements » sur le terrain : ce bel exemple de langage bureaucratique s'appliquait en l'occurrence à la cession de chars Leclerc et de Mirage 2000-9 à l'Arabie saoudite et aux Émirats arabes unis et à l'engagement de cet armement français dans la guerre du Yémen[1].

Le prétendu système de transparence aboutit ainsi à une entreprise organisée d'opacité. De ce commerce, l'exécutif s'entretient exclusivement avec l'exécutif et le contribuable, qui le finance, paie pour savoir au mieux qu'il bénéficie à la balance extérieure tandis que le citoyen qu'il est aussi doit accorder à la puissance publique une inébranlable confiance morale. Sur le reste, néant. Il n'y a pas lieu, bien sûr, de céder à un illusoire angélisme – je n'en ai jamais été partisane, étant convaincue que la tentation de la pureté sert de masque à la sacralisation de la violence. Que les enjeux les plus cruciaux de la souveraineté, de la sécurité et de la diplomatie impliquent que certaines informations demeurent secrètes, cela va de soi. Mais dès lors que ce commerce sert une politique, il réclame aussi une part de débat politique.

1. Commission des Affaires étrangères, Session extraordinaire 2017-2018, *Compte rendu 081, assemblee-nationale.fr*.

Or le « qui fait quoi » des armes que vend la France reste une question interdite aux Français, députés et sénateurs inclus[1]. Pour l'État, la charge de prouver que leur usage est conforme au droit revient au pays acheteur et repose sur l'assurance de ses déclarations admises comme étant forcément de bonne foi. Pourtant, lorsqu'il s'agit d'une voiture, ni les exclamations du concessionnaire ni les protestations de l'acquéreur ne suffisent à pallier l'absence de permis de conduire et l'ignorance du code de la route qui va avec !

Mais il y a plus. Quand on en vient aux faits, ainsi qu'on l'enseigne aux étudiants en première année dans les écoles de commerce, la réalité reprend ses droits sur la théorie et c'est le marché qui commande. Ce qui vaut pour celui de l'armement comme pour les autres. Or, le commerce militaire n'est ni élastique, ni extensible. En d'autres termes, quoi qu'il en soit de la volonté qu'on peut avoir de l'encadrer, il s'agit d'abord d'un marché contraint. Et contraignant.

Du côté des prestataires, si la France peut se targuer de disposer de plusieurs fleurons industriels, leur nombre reste restreint. Ils ne sont pas de simples exécutants interchangeables et eux aussi ont leurs impératifs comme leurs exigences au regard de l'économie nationale et face à la concurrence internationale. Ce qui crée à l'État l'obligation de les écouter et de les soutenir. Les péripéties du Rafale à l'exportation sous la rude rivalité américaine sont exemplaires de la difficulté à marier indépendance stratégique et succès commercial[2].

---

1. Diane Regny, « En France, “la transparence sur les exportations d'armes est quasi inexistante” », *Le Monde*, 16 avril 2019.

2. Revanche toute symbolique, *Team Rafale*, la BD de l'ancien pilote de chasse Frédéric Zumbiehl publiée aux éditions Zéphyr, célèbre en onze tomes la supériorité de l'avion français.

Du côté des clients, il existe un classement parallèle à celui des pays exportateurs. Mais le palmarès des grands importateurs est pareillement stable. Parmi les dix nations qui courent en tête depuis trois décennies, figurent sur les marches du podium les deux meneurs de la coalition arabo-sunnite qui guerroie au Yémen : les Émirats arabes unis et l'Arabie saoudite, avec un fort avantage pour la monarchie wahhabite, première ex aequo avec l'Inde si l'on établit une moyenne sur les dix dernières années[1]. Autrement dit, la partie est mondiale mais se joue de part et d'autre au sein d'un petit club.

Enfin, et la France n'échappe à la règle, les contrats de vente d'équipements militaires sont d'autant plus lucratifs que les accompagnent des contrats logistiques de maintenance et de formation à forte valeur ajoutée. Afin de ménager une faculté de sortie à leurs signataires, ces accords complémentaires comportent des clauses suspensives et sont en général renouvelables d'année en année. Mais la logique commerciale du service après-vente impose de satisfaire l'acheteur et il faut s'accommoder de ses caprices. Même s'il entre en guerre de manière imprévisible et s'avère un belligérant « controversé », selon l'euphémisme en usage dans les cabinets ministériels pour couvrir les exactions d'un client « premium » que l'on ne veut pas voir partir à la concurrence. L'embarras moral n'est pas absent alors, mais il ne pèse guère face à la perspective de décupler les factures en matériel et en assistance. Du coup, il suffit de renverser l'argument éthique : à laisser la chaise vide, d'autres fournisseurs

1. Pieter D. Wezeman, Aude Fleurant, Alexandra Kuimova, Diego Lopes Da Silva, Nan Tian, Siemon T. Wezeman, « Trends in international arms transfers, 2019 », *spiri.org*, mars 2020.

l'occuperont et, à la différence de la France, ils ne chercheront pas à tempérer la violence du conflit.

Résultat, sur l'étroit mais profitable marché international de l'armement, les procédures administratives françaises ne freinent ni la production croissante des grands industriels, ni la préemption galopante des régimes despotiques. Le point où les deux courbes se croisent a été démultiplié depuis 2015 et la guerre aussi disproportionnée dans ses moyens qu'injuste dans ses buts qu'a lancée le prince Mohammed ben Salmane devenu le prospect mondial numéro 1, achetant à tout-va avions, chars et missiles sur catalogue en 3D.

La France va-t-elle modérer son excellentissime client saoudien ? Les socialistes qui sont au pouvoir depuis la présidentielle de 2012 vont-ils lui souffler à l'oreille les paroles que Jean Jaurès prononcées à la Chambre des députés le 7 mars 1895 : « Dans ce siècle de concurrence sans limite et de surproduction, il y a aussi concurrence entre les armées et surproduction militaire : l'industrie elle-même étant un combat, la guerre devient la première, la plus excitée, la plus fiévreuse des industries[1] » ? Pauvre Jaurès, lui qui a payé de sa vie son pacifisme ! À force de se vanter d'être de performants marchands de canon, les camarades qui en ce début du XXIe siècle ont investi les palais de la République l'inciteraient plutôt à se retourner dans sa tombe.

Certes, la conception manichéenne qui oppose la gauche du bien à la droite du mal tend à s'effacer à l'épreuve du pouvoir dont l'exercice est régi non pas le réflexe idéologique mais la logique de l'État. Dès 1983, deux ans à peine après la

---

1. Jean Jaurès, *L'intolérable*, anthologie présentée par Gilles Candar, Les Éditions ouvrières, 1984, p. 103.

première alternance qu'a connue la Ve République, on a ainsi vu le socialisme s'arranger du capitalisme. Mais la différence vole littéralement en éclats quand il s'agit de vendre des chasseurs Rafale, des ravitailleurs Phénix, des hélicoptères Cougar, des frégates La Fayette, des patrouilleurs Trident, des chars Leclerc, des blindés Jaguar, des canons Caesar, des missiles Exocet, des drones Neuron, des systèmes Saphir, Licorne, Damoclès, tous *made in France*.

C'est cependant avec l'arrivée à l'Élysée d'un ancien Premier secrétaire du Parti socialiste que les ventes françaises d'armes vont exploser. François Hollande n'a pas lu l'exhortation de Jean Jaurès ou il l'a oubliée. Au contraire, très rapidement, celui qui se veut un « président normal », va aimer poser en « chef de guerre », confier avoir connu le « plus beau jour » de sa vie au milieu des commandos parachutistes lors de sa visite éclair au Mali et légitimer publiquement son goût pour les « assassinats ciblés », rompant ainsi un secret d'État et avouant de la sorte une pratique dont la légalité est sévèrement discutée[1].

C'est le même héraut du social-libéralisme qui s'émerveille et s'enorgueillit de l'embellie commerciale que le secteur de l'armement connaît sous son impulsion. Comme le rapporte l'enquêtrice Anne Poiret, en 2017, lors de sa

1. Une évolution à mesurer entre la surprise de Michel Cabirol, « François Hollande, chef de guerre inattendu ! » dans *La Tribune* du 6 septembre 2015 et le constat de Michaël Bloch, « Hollande revient encore sur la pratique par la France des "assassinats ciblés" » dans le *JDD* du 12 avril 2018. Dans *Les Leçons du pouvoir*, Stock, 2018, l'ancien président confirme en effet les étonnantes confidences qu'il avait livrées aux journalistes Gérard Davet et Fabrice Lhomme au cours de leur livre d'entretiens très justement intitulé *Un président ne devrait pas dire ça*, Stock 2016.

visite à Bourges d'un site de MBDA, leader européen dans la conception et la fabrication de missiles, celui qui est encore chef de l'État pour quelques jours dit sa grande « fierté » qu'il explicite par ces mots : « Les contrats à l'exportation n'ont jamais été aussi élevés. Jamais on n'avait vendu autant qu'en 2015-2016. Dans l'industrie de défense, nous sommes incontestablement les meilleurs[1]. » Que le pic des cessions à Paris ait coïncidé avec le début des horreurs à Sanaa ne l'effleure visiblement pas.

Si la France s'est toujours donné de larges moyens pour garder son rang dans le palmarès des pays vendeurs d'armes, ils n'ont jamais été aussi concentrés que sous la dernière mandature socialiste. L'affaire est cette fois dans les mains d'une petite équipe animée par le président François Hollande et son ministre de la Défense Jean-Yves Le Drian. Ils forment un véritable binôme marchand et, plus allant que les représentants attitrés des entreprises privées, démarchent les États pour signer de nouveaux contrats, réussissant même l'exploit de vendre des avions Rafales à l'Inde, à l'Égypte et au Qatar ou des sous-marins Barracuda à l'Australie. À l'issue du quinquennat, ces apporteurs d'affaires hors pair pourront se targuer du chiffre record qu'a atteint l'industrie militaire tricolore grâce à leur entremise[2].

---

1. Anne Poiret, *Mon pays vend des armes*, Les Arènes, 2019, p. 52. L'année précédente, la journaliste et réalisatrice lauréate du prix Albert-Londres et spécialiste du Moyen-Orient avait livré un important documentaire sur le même sujet : *Mon pays fabrique des armes*, France Télévisions, LCP, 2018.

2. Vincent Vérier, « Ventes d'armes : un quinquennat à plus de 80 milliards d'euros », *Le Parisien*, 20 décembre 2016.

De quoi rougir de satisfaction, mais aussi d'un peu de gêne au vu du profil des clients, à commencer par le royaume wahhabite qui a fait du Yémen un laboratoire d'essai pour les armements français ? Invité de Jean-Jacques Bourdin au tout début janvier 2016, le ministre de la Défense va se livrer à un acrobatique exercice d'autojustification[1]. Vantant les 16 milliards euros d'armes vendues en 2015, soit le double de l'année précédente, il reprend les éléments de langage élyséens : « C'est un record, je suis très fier de l'industrie française. » Interrogé sur l'Arabie saoudite, le Breton mâtiné de catholicisme et d'humanisme reconnaît que Riyad ne se fait pas la même conception des droits de l'homme que Paris, ce qui est le moins qu'on puisse dire. Mais il ajoute immédiatement, et là l'argumentaire déraille, que la pratique répandue de la peine capitale aux États-Unis ne nous empêche pas de dialoguer avec Washington, comparaison qu'il fallait oser ! Le parallèle est d'autant plus de mauvaise foi que la présidence Hollande a annulé, en 2015, la vente de deux navires de guerre Mistral à la Russie en signe de protestation contre l'immixtion de Moscou dans la guerre civile du Donbass. La rupture de contrat, signé en 2011 pour un milliard d'euros, a exposé la France au paiement de lourdes pénalités. Le Yémen ne mériterait-il pas la même attention que l'Ukraine ?

Surtout, ce souci éthique à géométrie variable renchérit la suspicion sur les faveurs dont la République française entoure la monarchie wahhabite. Et réveille le fantôme du contrat Donas. Cet accord tripartite, scellé en 2014, prévoit à l'origine que Paris livre à Beyrouth pour 2,4 milliards d'euros

---

1. « Jean-Yves Le Drian face à Jean-Jacques Bourdin », *Bourdin Direct*, RMC, *Bfmtv.com*, 14 janvier 2016.

d'équipements militaires qu'acquittera Riyad – d'où son appellation, en fait l'acronyme de « Don Arabie saoudite ». Le Liban doit en être le bénéficiaire bien que, comme le souligne alors Laurent Fabius, en sa qualité de ministre des Affaires étrangères, ce montage à trois, si je puis dire, « illustre la qualité exceptionnelle de la relation franco-saoudienne[1] ».

La justification initiale de ce tourniquet tient donc dans la volonté de renforcer l'armée régulière du pays des Cèdres où les milices sont reines tandis que l'État islamique guette son heure à la frontière syrienne. L'alliance entre la dynastie des Saoud et le clan Hariri garantit le *deal*. Mais deux ans plus tard, en 2016, la donne géopolitique est totalement bouleversée. Saad Hariri patauge à Beyrouth, Mohammed ben Salmane triomphe à Riyad, les bombes pleuvent sur Sanaa. Et le royaume wahhabite bloque le versement auquel il s'est engagé auprès de la France. Une valse diplomatique s'ensuit. Où est l'argent ? Où en est-on de la livraison ? Des sources autorisées indiquent que le paiement a été effectué mais que, peut-être, les fournitures ont changé d'affectation[2]. Dans une note adressée au Premier ministre Manuel Valls, Jean-Marc Ayrault, son prédécesseur à Matignon et désormais en charge du Quai d'Orsay, aurait alerté sur l'ambiguïté de cette situation[3]. Riyad prétendrait-elle récupérer Donas à

1. « Déclaration de M. Laurent Fabius, ministre des affaires étrangères et du développement international, sur le contrat d'aide à l'armée libanaise », *diplomatie.gouv.fr*, 13 novembre 2014.

2. Jean-Dominique Merchet « Contrat Donas : ça se complique encore plus… », Secret défense, *L'Opinion*, 26 novembre 2016.

3. On doit également à Anne Poiret la divulgation de ce désaccord dans son documentaire comme dans son livre et qu'elle commente dans l'article de Marie-Hélène Soenen, « La France, ce si discret marchand d'armes », *Télérama*, 23 octobre 2018.

son profit par un simple avenant qui, muni d'une rallonge, porterait le marché à plus de trois milliards d'euros ? Et ce, sans garantie pour dire le moins d'une juste utilisation de ces armes[1] ? Un indice de plus que les commissions interministérielles ne suffisent pas à assurer une bonne communication entre l'Hôtel de Brienne et le Quai d'Orsay !

L'interrogation n'est pas sans fondement. Le contrat subitement « torpillé » prévoyait d'équiper l'armée libanaise de 250 blindés VAB Mk3 et Sherpa, de sept hélicoptères Cougar, de trois corvettes Combattante FS56, de 24 canons Caesar ainsi que de missiles Mistral et Milan, sans oublier toute une batterie de drones, radars et postes-radio sophistiqués[2]. Un matériel qui correspond plus aux conditions d'une offensive antiguérilla que d'une défense stationnaire et qui convient particulièrement à une zone montagneuse. Si d'imposantes crêtes hachurent en partie la frontière entre le Liban et la Syrie, l'ouest du Yémen recèle quelques-uns des plus hauts sommets du Moyen-Orient. Et qui servent de bercail aux Houthis.

Les doutes s'accumulent. Pour certains des ingénieurs français de l'armement à qui l'on a demandé, à la signature du contrat en 2014, de curieux aménagements dans les équipements à livrer, l'affaire est entendue : dès ce moment, l'Arabie saoudite aurait planifié de les utiliser dans le cadre de la guerre au Yémen[3]. En avril 2017, d'autres fuites affir-

1. Jean Guisnel, « Armement : la France, supermarché de l'Arabie saoudite », *Le Point*, 20 août 2017.

2. Vincent Lamigeon, « L'Arabie saoudite torpille le méga contrat d'armement Donas », *Challenges*, 22 février 2016.

3. Tony Fortin et Warda Mohammed, « Comment la France participe à la guerre contre le Yémen », *Orient XXI*, 12 septembre 2017.

ment que les armes destinées aux Forces armées libanaises auraient été préemptées à 80 % par l'Arabie saoudite sous la forme d'une commande ferme et que la quasi-totalité de ce lot aurait été affectée à ses propres forces déployées sur le théâtre de guerre yéménite. Peu à peu, des révélations se font au fil de l'eau qui, toutes, convergent vers la même hypothèse et la renforcent : d'une façon ou d'une autre, concertée ou imposée, le généreux accord d'assistance Donas-Liban a été changé en une annexe du fructueux contrat militaire franco-saoudien dit « SFMC », acronyme pour *Saudi-French Military Contract* suivant l'usage toujours plus répandu des noms de baptême anglais au pays de Molière.

Faisons les comptes du quinquennat socialiste. L'an 2015, en signant des contrats de ventes d'armes au profit de l'Arabie saoudite pour des milliards d'euros, la France bénéficie immédiatement de la guerre au Yémen, véritable effet d'aubaine qui ira se confirmant les années suivantes[1]. Sur le seul exercice 2017, alors que François Hollande achève son mandat présidentiel, Paris livre à Riyad pour 1,381 milliard d'équipements militaires[2]. En quelques exercices budgétaires de ce singulier commerce, le royaume wahhabite est devenu le deuxième client de la République française, laquelle s'est imposée comme son troisième fournisseur.

La France n'arme pas seulement l'Arabie saoudite. Elle équipe aussi les pays alliés de la coalition arabo-sunnite. Le Qatar et l'Égypte sont désormais les heureux propriétaires

1. Amnesty International, « Ventes d'armes à la coalition au Yémen », *amnesty.fr*, 23 mars 2017.

2. Aurélie Rossignol, « Ventes d'armes : combien l'Arabie saoudite pèse-t-elle dans les exportations françaises ? », *Le Parisien*, 23 octobre 2018.

d'avions Rafale à grande capacité d'emport en missiles air-air ; les Émirats arabes unis, de corvettes Baynunah fabriquées à Cherbourg et équipées de deux rampes de lancement ; le Koweït, de blindés légers Sherpa à fort volume d'aérotransport produits par Renault Trucks. La France ne se contente pas de vendre à tous les coalisés ou presque, elle assure le service après-vente de ses produits.

Or comment Paris, sur ce dernier point, pourrait se distinguer de Washington et de Londres ? Les opérations militaires de la coalition consistent, je l'ai dit, en des largages massifs de bombes à partir des données fournies par les Américains et les Britanniques dans le cadre de leurs contrats d'assistance. On voit mal comment les Français pourraient s'abstenir des obligations qu'ils se sont créées en signant les leurs.

S'il est une exception nationale, elle est à chercher ailleurs. L'État en France se complaît à célébrer sa continuité, garante de la chose publique. Sans doute, mais il ne faut pas alors la confondre avec le jeu électoral des chaises musicales. Le dimanche 14 mai 2017, François Hollande remet les clés du palais de l'Élysée à son nouveau locataire, Emmanuel Macron. Trois jours plus tard, le 17, se déroule la passation de pouvoir entre Jean-Marc Ayrault et Jean-Yves Le Drian. Le complexe militaro-industriel aurait aimé garder ce dernier à la Défense mais le Grognard socialiste a hérité des Affaires étrangères en prix de son précoce ralliement. Pour l'équipe qui entre à l'Élysée, cette promotion est aussi un éloignement car, à s'occuper des ailleurs, l'homme fort du précédent quinquennat pèsera moins.

Le Quai d'Orsay n'est certes pas un nid d'indignés. Mais il est toujours surprenant d'y trouver une abondance de diplomates pleins d'onction mielleuse dès qu'ils évoquent l'Arabie saoudite. Que le royaume wahhabite foule allègrement aux pieds l'abolition de la peine de mort, le respect de la diversité religieuse et le soutien à la jeunesse, qui étaient naguère au nombre des grandes priorités de notre action extérieure, ne les effleurent pas. Quand on affirme qu'en France l'administration ne fait pas de politique, il faut entendre, comme je l'ai appris à mes dépens, que par sa puissance d'inertie, elle la stérilise.

Vite, le temps n'est plus où les couloirs du Quai bruissaient d'inquiétudes quant à la situation au Yémen et une source intérieure confiait à la journaliste Anne Poiret sa « crainte qu'on retrouve des armes françaises ou tout élément de preuve sur le site d'un crime de guerre[1] ». Ce n'est pas, manifestement, une éventualité que l'on redoute en plus haut lieu, même après la présidentielle. Le nouveau monde ressemblera si fortement à l'ancien en termes de commerce d'armements que l'on n'entendra plus parler de cette possibilité.

C'est qu'il y va quasiment d'une doctrine d'État et que l'État en France est paré d'une sorte d'impeccabilité divine. En témoigne le dialogue sur *Europe 1*, le dimanche 8 septembre 2019, entre Jean-Yves Le Drian et Nicolas Barré, le directeur de la rédaction des *Échos* que Nicolas Canteloup se complaît à croquer sur les mêmes ondes.

Le journaliste a le mérite de poser au gouvernant une question bien embarrassante : « Le Haut-commissaire des Nations unies aux droits de l'homme vient de rendre un rapport sur le Yémen et les atteintes aux droits fondamentaux dans ce conflit. Le rapport pointe le fait que les États qui vendent des armes à l'Arabie saoudite et aux Émirats – c'est le cas

1. Anne Poiret, *Mon pays vend des armes*, Les Arènes, p. 123.

de la France – pourraient être, je cite, “tenus responsables de complicité de violation du droit international” à raison des crimes de guerre commis là-bas. La France, complice de crimes de guerre : est-ce que ça vous inquiète ? Est-ce que cela pourrait vous amener à reconsidérer les ventes d'armes à ces pays comme l'ont fait d'autres pays ? » Or, non seulement le chef de la diplomatie assume ce choix, mais encore il le justifie en invoquant la nécessaire protection de l'Arabie saoudite[1].

D'avoir sacrifié ce matin-là au rite dominical qui veut que, trainaillant à la maison et retardant le moment de sortir pour faire mes courses, écouter la radio, ne m'a pas réussi. J'ai failli m'étouffer dans mon café. Ne serait-ce pas plutôt les enfants orphelins et affamés du Yémen, fuyant sous les bombes, qu'il reviendrait à la France de protéger ? À moins que le ministre ne veuille entendre que, de la stabilité des gisements pétroliers à Riyad, dépendent à Paris le prix de l'essence à la pompe et le niveau de mobilisation des Gilets jaunes ? Certes, c'est un calcul loisible quoique crûment réaliste. Et probablement à courte vue. Mais il ne faut pas s'étonner dès lors que les Houthis manifestent le même réalisme dans leur détermination à se défendre par eux-mêmes et par tous les moyens.

Sous Emmanuel Macron et Édouard Philippe, la politique du résultat se poursuit. Les chiffres valant mieux que de grands discours, le rapport du gouvernement publié le 4 juin 2019 montre qu'en 2018 les ventes totales d'armes

---

1. Michael Darmon avec Nicolas Barré des *Échos* et Damien Fleurot de *Cnews*, « Jean-Yves Le Drian est l'invité du Grand rendez-vous », *Europe 1*, 8 septembre 2019.

ont augmenté de 30 % par rapport à 2017 et que les prises de commandes s'élèvent à plus de neuf milliards d'euros, chiffre que « revendique » Florence Parly, ministre des Armées – à la guerre comme à la guerre, n'est-ce pas[1] ? Outre cette « fierté » renouvelée, le même discours d'exonération est reconduit : la France ne saurait être responsable de l'emploi que la coalition peut faire de l'armement qu'elle lui vend mais qu'elle préjuge forcément défensif car, au fond, que pourrait-il être d'autre ?

Comment ébrécher cette muraille de dénis ? La politique du carnet de chèque menée par l'Arabie saoudite est extrêmement efficace pour faire taire l'indignation. L'exécutif français lui-même, depuis le début de la guerre menée au Yémen par les Saoudiens, ne sourcille pas. Il absout les bavures, même les plus graves. C'est la politique « ne pas voir, ne pas entendre, ne pas parler » qui règne comme l'écrit Pierre Conesa. Or, quand des spécialistes de son envergure dénoncent les dérives du régime wahhabite, des diplomates rédigent des notes pour les décrédibiliser.

Il faudra *Le Canard enchaîné* pour publier, à la charnière entre les deux quinquennats, début 2017, des extraits d'un mémo émanant du Centre d'analyse, de prévision et de stratégie du ministère des Affaires étrangères. *Dr. Saoud et Mr. Jihad*, le livre de cet ancien haut fonctionnaire à l'impeccable état de service et fin connaisseur de la géopolitique, amicalement préfacé par Hubert Védrine, a sonné l'alarme. Le voilà accusé des pires maux : « La diabolisation de l'Arabie saoudite débouche sur une saoudophobie raciste » tandis que

1. Délégation à l'information et à la communication de la Défense (DICoD), « Rapport au Parlement sur les exportations d'armement », *defense.gouv.fr*, 4 juin 2019.

ses « thèses [...] du saoudo-wahabisme comme explication du djihadisme ne résistent pas à l'analyse[1] ». Rien que ça ! Sans surprise, son auteur, un temps le rédacteur en chef de la revue *Pétrole et Gaz Arabes*, est un diplomate qui a été en poste à Abou Dhabi et à Djeddah. Or, le seul vrai tort de Pierre Conesa est d'avoir le courage de nous montrer le jeu trouble de la maison des Saoud et de nous alerter sur nos errements.

Cependant, ceux qui parient sur l'omerta se trompent. Tout autant qu'aux États-Unis et au Royaume-Uni, les rapports des associations humanitaires et les articles de presse dénonçant les violations du droit humanitaire au Yémen commencent à se multiplier comme des petits pains dans l'hexagone. Le gouvernement français tente évidemment de limiter sa mise en cause. Il brandit, tel un ex-voto, la procédure de délivrance des licences d'exportation qui serait à ses yeux suffisamment stricte pour répondre à ses obligations nationales, européennes et internationales. Comme tout réflexe pavlovien, ce n'est pas la meilleure des réactions.

Les révélations des journalistes d'investigation viennent ébranler cette ligne de défense. Chroniqueur inlassable dans *Le Canard enchaîné* des secrets de notre diplomatie, Claude Angeli fut le premier à révéler le rôle de la France. Il résume d'une brillante formule l'intrication des intérêts de Paris et de Riyad en évoquant « la cobelligérance inavouable de la France au Yémen[2] ». Si cette cobelligérance s'avérait exacte, elle serait très grave. Le journaliste dans le même article affirme que

1. « Touche pas à l'Arabie saoudite », *Le Canard enchaîné*, 4 janvier 2017.
2. Claude Angeli, *Le Canard enchaîné*, 30 octobre 2018.

« les services français fournissent à l'instar des Américains, des renseignements sur les positions tenues par les rebelles chiites houthis, obtenus souvent par satellites. Mieux : des commandos des forces spéciales arpentent clandestinement le pays pour guider les bombardiers saoudiens et émiratis, que des appareils de l'US Airforce ravitaillent en vol. » Quelques mois auparavant, le 7 mars 2018, dans un article intitulé « nos belles armes au Yémen », il décrit précisément la liste impressionnante de l'arsenal français des Émiratis et des Saoudiens utilisé dans la guerre au Yémen.

À l'automne 2018, c'est au tour de *Mediapart* où Fabrice Arfi dévoile des documents issus des Wikileaks qui confortent les soupçons de corruption entourant la vente de chars français aux Émirats arabes unis, lesquels sont déployés sur le terrain dans la guerre du Yémen[1]. Créé cette même année 2018 sur le modèle américain de *ProPublica* par Mathias Destal et Geoffrey Livolsi, *Disclose* ne va pas tarder à s'illustrer sur le même sujet.

Au printemps 2019, ce site coopératif d'enquêtes fondées sur la notion d'intérêt général publie une note classée confidentiel-défense qui contredit de plein fouet la position gouvernementale[2]. Ce document d'une quinzaine de pages, rédigé un an plus tôt par la direction du renseignement militaire (DRM), décrit précisément quel emploi il est fait des armes françaises au Yémen. Il a été examiné lors d'une réunion du Conseil de Défense restreint le 3 octobre 2018 présidée par Emmanuel Macron et à laquelle ont participé

1. Fabrice Arfi, « De la corruption à la guerre au Yémen, l'histoire secrète des chars français », *Mediapart*, 28 septembre 2018.

2. Disclose, « Cartographie d'un mensonge d'État », *made-in-france.disclose.ngo.fr*, 15 avril 2019.

Édouard Philippe, Jean-Yves Le Drian et Florence Parly, la nouvelle détentrice du portefeuille de la Défense, martialement rebaptisé entre-temps ministère des Armées.

Que dit la DRM ? Que des canons Caesar d'une portée de 40 kilomètres sont positionnés à la frontière à des fins défensives certes, mais qu'ils « appuient également les troupes loyalistes, épaulées par les forces armées saoudiennes, dans leur progression en territoire yéménite », si bien que les analystes de ce service de renseignement estiment que près d'un demi-million de civils sont exposés à ces tirs qui, dans les faits, ont tout de bombardements massifs.

À quoi il faut ajouter, toujours selon les sources réunies par les journalistes de *Disclose*, les fameux chars Leclerc et leurs « obus flèches » que la France a vendus aux Émirats arabes unis. Ils auraient été également utilisés dans le cadre d'assauts offensifs en territoire yéménite. Lors de la seule année 2018, le fleuron de Nexter, entreprise étatique tricolore, aurait été observé à Zabid en juillet et à Hodeïda en octobre. Or la zone portuaire d'Hodeïda, l'unique sas de ravitaillement pour la rébellion, est par ailleurs soumise à un blocus maritime auquel participeraient deux navires de fabrication française, la frégate saoudienne Al Makka 814 de type F 3000 S ainsi qu'une corvette émiratie Bayuna. Quant à l'armement aérien, il ne serait pas en reste puisque les nacelles Damoclès montées sur les Mirages émiratis serviraient au guidage de missiles qui n'épargneraient pas les populations civiles[1].

---

1. Louis Nadau, « Armes françaises au Yémen : ce que Disclose a révélé et qui gêne tant le gouvernement », *Marianne*, 15 avril 2019.

D'autres enquêteurs complètent ce noir tableau. Spécialiste de géopolitique, Maxime Chaix avance de son côté l'hypothèse que « les services [...] français ont ouvert en grand les vannes des transferts de renseignement pour soutenir l'opération Tempête décisive au Yémen. La DRM et la DGSE ont ainsi reçu l'ordre express de l'Élysée de soutenir par tous les moyens l'offensive de Riyad contre les rebelles houthis[1]. » À croire, donc, que dans cette affaire au moins le péché serait bel et bien originel !

Que cette coopération outrepasse le simple cadre de relations commerciales, comment pourrait-il en aller autrement ? Le principe en a d'ailleurs été officiellement entériné depuis. Au cours de son déplacement en Arabie saoudite au mois de juillet 2017, la ministre des Armées, Florence Parly, n'a pas manqué d'évoquer, avec son homologue Mohammed ben Salmane, les « opportunités de développement » qu'ouvrent, selon eux, la convention bilatérale formalisée le 18 février 1982. J'en rirai presque : ladite convention a pour but « d'éviter les doubles impositions en matière d'impôts sur le revenu et sur les successions[2] ». Tous deux en profitent cependant pour signer un accord portant sur « la protection des données classées » : en clair sur les échanges d'informations dans le domaine du renseignement[3]. En rien rassurant, le communiqué publié conjointement par les deux parties omet d'en détailler le contenu. Mais cet accord fait craindre

1. Maxime Chaix, « Au Yémen, la cobelligérance oubliée de l'Occident », *Middle East Eye*, 15 novembre 2018.

2. Légifrance, « Arabie saoudite, accords, conventions et traités internationaux », *legifrance.gouv.fr*.

3. « Défense : signature d'un nouvel accord de coopération entre Paris et Riyad », *AFP*, 9 juillet 2018.

le pire au vu des antécédents du régime saoudien en termes de surveillance informatique.

Contrairement au discours officiel que tient Paris, il ressort que la coalition a employé de façon délibérément offensive et non pas simplement défensive le matériel militaire que la France lui a vendu. Ce que la ministre des armées, Florence Parly, va néanmoins démentir à plusieurs reprises. Parfois de manière catégorique, parfois de façon oblique[1]. L'enjeu est lourd, en effet. Et la marge de manœuvre, réduite. Elle ne laisse de place qu'à une cascade de dénégations supposant que les armes sont neutres : si la coalition veut en acheter, l'État lui en vend ; si la coalition les utilise mal, l'État n'en est pas responsable ; si la coalition commet des fautes, l'État n'en est pas le complice. L'important est que, jusqu'à preuve du contraire, le commerce continue.

Interrogée par les membres de la commission de la Défense à l'Assemblée nationale le 7 mai 2019, la ministre des Armées semble concevoir ce haut exercice institutionnel comme une simple procédure bureaucratique[2]. Si elle accepte en théorie d'envisager la possibilité que la coalition ait pu utiliser des armes françaises contre les populations civiles au Yémen, la présence de ces mêmes armes, insiste-t-elle, découle de transactions passées qui sont elles-mêmes le fruit d'un partenariat ancien avec les Émirats arabes unis et l'Arabie saoudite. Autrement dit, Florence Parly ne se sent pas

---

1. Claude Angeli, « Les ventes d'armes bénies par Florence Parly », *Le Canard enchaîné*, 5 juin 2019.

2. Commission de la défense nationale et des forces armées, « Audition de Mme Florence Parly, ministre des Armées, sur les opérations en cours et les exportations d'armement, compte rendu n° 32 », *assemblee-nationale.fr*, 7 mai 2019.

vraiment concernée par les ventes d'armes que la France a pu effectuer antérieurement à l'élection d'Emmanuel Macron. De quoi cligner des yeux en roulant de la tête : je ne veux pas croire qu'une ministre de la République, ancien haut-fonctionnaire, se sente légitime à penser que la France est née en mai 2017.

Mais comment justifier, alors, que l'actuel pouvoir vende encore et toujours des armes aux deux pétromonarchies belligérantes ? Sa signature étant cette fois engagée, Florence Parly avance d'un coup une ribambelle d'arguments. La France a le devoir de protéger ses ressortissants expatriés dans le Golfe, qui sont au nombre 30 000 en Arabie saoudite et aux Émirats arabes unis ; de sécuriser ses approvisionnements énergétiques qui passent pour beaucoup par le détroit de Bab-al-Mandeb ; de stabiliser ses alliés régionaux face à la nécessaire lutte contre le terrorisme et au danger que représente l'Iran… Si je saisis bien, armer Riyad et Abou Dhabi reviendrait à conforter la paix dans la région.

Entendre à nouveau ces éléments de langage littéralement me fascine. Ce sont les mêmes que développent les conseillers en communication de MBS mais que nul d'averti, y compris aux États-Unis, n'ose plus trop employer. Particulièrement quand il s'agit du combat contre le djihadisme et dont elle fait grand emploi[1].

Quitte à me répéter à mon tour, l'année même de l'entrée en fonction de Mme Parly à la Défense, en 2017 donc, la preuve est déjà faite que les Saoudiens s'appuient sur des

1. Comme lors de son entretien radiophonique avec Sonia Mabrouk dans l'interview politique matinal de cette dernière, *Europe 1*, 17 janvier 2020.

milices locales salafistes[1] et que l'organisation internationaliste qu'est Al-Qaida dans la péninsule arabique, responsable de nombreux attentats meurtriers à travers le monde, « est plus puissante que jamais[2] ».

Mais peu importe pour la ministre attachée à dépeindre une Arabie saoudite démunie et fragile, essuyant en permanence des tirs de missiles, des attaques de drones et des assauts de vedettes-suicide lancés par ses voisins yéménites à l'instigation de Téhéran. Le tableau qu'elle dépeint est cependant réversible car, à la suivre, les achats compulsifs de Riyad en équipements de défense ne lui serviraient pas à grande chose, pas même à prévenir les ripostes sporadiques d'un pays pauvrissime. À moins que Florence Parly n'agite de manière subliminale un argument commercial, suggérant par-là que les Saoudiens feraient bien d'acheter encore davantage de panoplies militaires à la France ?

Mais trêve de futilités ! Nos ressortissants dans le Golfe ont eu, c'est vrai, à pleurer un terrible massacre : celui qui a frappé le six février 2007 sur le site archéologique de Madain Saleh les membres masculins, pères et fils, de trois familles expatriées. Et commis par un commando autochtone d'Al-Qaida. Inutile de préciser que les veuves et mères des victimes, présentes lors de cette boucherie, déplorent l'abandon dans lequel les ont laissées, en dépit de leurs promesses, les autorités saoudiennes et françaises[1].

---

1. Laurent Bonnefoy, « Enlisement saoudien au Yémen », *Le Monde diplomatique*, décembre 2017.

2. April Longley Alley, « Les raids antiterroristes américains au Yémen, une arme aux mains d'Al-Qaida », *Orient XXI*, 20 février 2017.

1. Clarence Rodriguez, « Madain Saleh : 10 ans après l'attentat, le silence de Riyad et de Paris », *Le Point*, 20 février 2017.

Devant les députés réunis en commission, la ministre des Armées préfère arguer des devoirs de sa fonction ou, plutôt, de la représentation qu'elle s'en fait: « Quand vous êtes au gouvernement, vous n'êtes pas comptable de votre indignation, vous êtes d'abord comptable des intérêts de la France. » N'y a-t-il donc aucun Normalien dans son cabinet pour lui souffler combien l'expression « comptable » prête à équivoque pour une ancienne secrétaire d'État au Budget ?

La ministre de la Défense se montre plus modeste, cependant, au micro des radios. Sur *France Inter* au tout début de 2019, elle affirme: « Je n'ai pas connaissance, dira-t-elle, du fait que des armes [françaises] soient utilisées directement dans ce conflit[1] ». Puis au printemps, tout juste après les révélations de *Disclose*, sur *Radio Classique*, lorsqu'il lui faut expliquer sa déclaration précédente: « En tout cas, moi, je n'ai pas d'éléments de preuve permettant de dire ça, que des armes françaises sont à l'origine de victimes civiles au Yémen[2]. » Que de précautions désormais ! Serait-ce que la ministre n'entendrait pas être comptable de l'éventuelle complicité de la France dans les possibles crimes de la coalition ? Ou, qu'au fond, par-delà sa fonction, le sort des Yéménites l'émeut ainsi qu'elle le laissait échapper plus tôt sur un plateau de télévision: « C'est une crise humanitaire comme on en a jamais vu », « C'est la priorité de la France que l'aide humanitaire puisse passer » disait-elle[3].

---

1. Dans la matinale et dominicale émission d'Ali Baddou, *Questions politiques, France Inter*, 20 janvier 2019.
2. Encore dans une matinale, cette fois celle de Guillaume Durand, *Radio Classique*, 18 avril 2019.
3. Jean-Jacques Bourdin, « Entretien avec Florence Parly » *Bourdin-direct*, RMC- BFM-TV, 30 octobre 2018.

C'est surtout que l'« indignation », comme Florence Parly la qualifie, n'a cessé entre-temps de grandir dans l'opinion et qu'elle voit dans l'arrêt des ventes de matériels militaires la meilleure « aide humanitaire » possible. À l'automne de cette même année 2019, le rapport de l'ONU sur le Yémen va ouvrir une brèche considérable : il n'incriminera pas uniquement toutes les parties prenantes au conflit, les Saoudiens, les Émiratis et les Houthis, mais encore désignera nommément les États exportateurs d'armes et évoquera la possible traduction en justice de leurs responsables sous le chef d'accusation de complicité de crimes de guerre devant tout tribunal compétent qui viendrait à être saisi.

Comme leurs homologues américains et britanniques, les activistes humanitaires français envisagent assez tôt d'employer cette stratégie. Ils pensent, pour voie de recours, à la Cour de justice de la République. L'article 68-1 de la Constitution du 4 octobre 1958 dispose en effet que « les membres du gouvernement sont pénalement responsables des actes accomplis dans l'exercice de leurs fonctions et qualifiés crimes ou délits au moment où ils ont été commis. Ils sont jugés par la Cour de justice de la République ». Si, demain, à la suite du conflit au Yémen, des crimes de guerre étaient définitivement démontrés et la complicité des États exportateurs objectivement confirmée, rien n'interdirait donc que les différents tenants des postes ministériels impliqués soient traduits devant cette juridiction.

Entre 1999 et 2019, la Cour a ainsi eu à statuer sur les cas de l'ancien Premier ministre Laurent Fabius, de l'ancienne ministre des affaires sociales Georgina Dufoix et de l'ancien secrétaire d'État à la santé Edmond Hervé dans l'affaire du sang contaminé, de l'ancien secrétaire d'État aux handicapés Michel Gillibert dans une affaire d'escroquerie de fonds publics, de l'ancien ministre de l'Intérieur Charles Pasqua dans une affaire d'abus de biens sociaux, de l'ancienne ministre de l'Économie et des Finances Christine Lagarde dans l'affaire de l'arbitrage Adidas liée à Bernard Tapie, de l'ancien ministre de la Justice Jean-Jacques Urvoas dans une affaire de violation du secret professionnel. Les uns ont été relaxés, les autres condamnés, mais tous ont comparu.

Eu égard à la gravité des possibles chefs d'inculpation dans l'affaire du Yémen, la prudence voudrait que les ministres concernés, passés ou présents, qui ont eu à en traiter revoient leur copie. Ce n'est pas le cas. Considérant qu'ils n'encourent aucun risque juridique, les gouvernements qui se sont succédé depuis 2015 et le début du conflit, semblent imperméables à une telle perspective. Ce qui ne signifie pas qu'ils puissent demeurer insensibles à d'autres formes de pression.

L'appel à la représentation nationale, là encore en usage aux États-Unis et au Royaume-Uni, est l'un d'entre eux. En mars 2018, estimant que Paris vend en toute illégalité des armes aux pays membres de la coalition arabo-sunnite puisqu'elles servent à frapper les populations civiles du Yémen et s'appuyant sur une étude juridique du cabinet Ancile, Amnesty international France et l'Action des chrétiens pour l'abolition de la torture (ACAT) demandent la tenue d'un débat au Parlement[1]. Au mois d'avril, l'initiative est reprise par quelques députés de bords différents, dont Sébastien Nadot qui est encore membre de la majorité LREM. Le député de Haute-Garonne dépose une résolution

---

1. « Armes au Yémen : la France mise en cause », *amnesty.fr*, 20 mars 2018.

visant à la création d'une commission d'enquête sur le respect des engagements internationaux de la France au regard des autorisations d'exportations d'armes, munitions, formations, services et assistance accordées ces trois dernières années aux belligérants du conflit au Yémen. La proposition recueille plusieurs signatures mais est rejetée par la commission des Affaires étrangères[1]. Réitérée par Bastien Lachaud, puis Alexis Corbière, puis Nicolas Dupont-Aignan, elle sera par trois fois à nouveau bloquée.

C'est un des malheurs de la démocratie française qui consacre la primauté de l'exécutif au détriment de l'équilibre des pouvoirs. À de rares et courageuses exceptions près – mais il y en a, on vient de le voir –, celles et ceux qui sont censés porter la volonté du peuple campent volontiers sur leurs positions politiciennes. Que l'Assemblée ou le Sénat échappe momentanément à l'Élysée n'y change rien. Les élus de la majorité demeurent des courtisans ne voulant surtout pas contrarier le château car ils espèrent un jour entrer au sein du gouvernement. Les élus de l'opposition restent sur leur quant-à-soi, ne voulant surtout pas brouiller leur image dans l'opinion car ils remettent aux lendemains de l'alternance l'hypothétique démonstration de leur talent.

Le plus fascinant dans ce système est que l'on trouve toujours un parlementaire prêt à surenchérir sur le discours gouvernemental. Le prédestiné en l'espèce est Fabien Gouttefarde, président du groupe d'amitié France-Yémen

1. « Proposition de résolution tendant à la création d'une commission d'enquête sur le respect des engagements internationaux de la France au regard des autorisations d'exportations d'armes, munitions, formations, services et assistance accordées ces trois dernières années aux belligérants du conflit au Yémen », *assemblée-nationale.fr*, 6 avril 2018.

et du groupe d'études Action humanitaire : longtemps juriste au sein du ministère de la Défense, il s'honore également d'être officier réserviste dans la Marine nationale et d'avoir été le premier inscrit de son département au mouvement En Marche.

Le député de l'Eure n'innove guère, pourtant, lorsqu'il entonne le refrain, à la manière des Dupond et Dupont, selon lequel il faudrait distinguer entre terrorisme et terrorisme dans le Golfe : « Il y a un partenariat stratégique avec l'Arabie saoudite et les Émirats arabes unis. Il ne faut pas qu'on oublie *Charlie Hebdo*. Des attentats meurtriers sont venus d'Al-Qaida dans la péninsule arabique, avec des bases de repli au Yémen. Il y avait véritablement une menace terroriste que la coalition a contribué à combattre. » Et d'ajouter que « les Houthistes commettent presque autant de crimes de guerre. Ils franchissent quotidiennement la frontière saoudienne. Quand on a un tel partenariat stratégique, c'est aussi légitime de fournir des armes pour se défendre[1]. »

« Ne pas oublier *Charlie* » ? Comment pourrais-je ne pas être d'accord ? En garder la mémoire ainsi ? Non, trois fois non, mais au nom de quoi alors ? De l'héritage vivant des morts du 7 janvier 2015 qui redoutaient par-dessus tout l'hémiplégie du jugement : ils savaient eux que la machine internationale à terreur s'était déclenchée contre leur journal lors du procès des caricatures en 2007. Un procès où s'était portée partie civile la Ligue islamique mondiale fondée en 1962 à La Mecque par le prince Fayçal ben Abdelaziz Al Saoud, futur monarque d'Arabie saoudite.

---

1. Romain Mielcarek, « Impuissance ou cynisme face aux ventes d'armes européennes », *Le Monde diplomatique*, septembre 2019.

Il est bien dommage qu'à la différence de leurs pairs anglo-saxons, les élus français puissent paraître ne disposer que d'une information monocolore. En adepte résolu de la « diplomatie parlementaire », le député participe en mai 2018 au voyage d'étude financé par Riyad dans les territoires du Yémen tenus par la coalition[1] ? Alors qu'il souhaite rencontrer les ONG, le voilà invité à s'entretenir avec le commandement saoudien ! Que lui disent ses interlocuteurs ? Que les officiers américains et britanniques présents sur le théâtre d'opération ne trouvent rien à redire à la bonne tenue de leur stratégie de bombardements massifs. Au contraire du but recherché, cet excès d'assurance aurait-il décidé Fabien Gouttefarde, l'automne venu, à signer l'appel transpartisan de députés et sénateurs français intitulé « Pour que la France s'engage contre les bombardements de civils[2] » ? Ou cette tribune datant du 5 octobre 2018, serait-ce le sombre assassinat de Jamal Khashoggi commis à Istanbul trois jours plus tôt mais qui d'ores et déjà défraie la chronique internationale ?

Entre-temps, les ONG françaises n'ont rien lâché. De manière similaire à la CAAT au Royaume-Uni, l'Action sécurité éthique républicaines (ASER), a commencé de se battre. Elle entend obtenir la suspension des licences d'exportation de matériel de guerre et matériels assimilés à destination de pays membres de la coalition impliquée dans la guerre

1. Voir à ce sujet l'entretien de Michel Amiel, président du groupe d'amitié France-Yémen au Sénat, avec Héléna Berkaoui, « Yémen : première visite de parlementaires depuis le début de la guerre civile », *PublicSénat*, 31 mai 2018.

2. Appel parlementaire « Pour que la France s'engage contre les bombardements de civils », *La Croix*, 5 octobre 2018.

au Yémen par la voie juridictionnelle[1]. C'est une demande d'interruption explicite qu'elle adresse dans son courrier du 1er mars 2018 au Premier ministre Édouard Philippe, fondant sa requête sur les dispositions de l'article L. 2335-4 du Code de la Défense. La loi prévoit en effet que l'autorité administrative peut à tout moment suspendre les licences d'exportation qu'elle a délivrées, notamment au motif de respecter les engagements internationaux de la France. Or, le Traité international sur le commerce des armes de 2013 (TCA), que Paris a signé et ratifié, interdit à tout État Partie de vendre des armes « s'il a connaissance, au moment où l'autorisation est demandée, que ces armes ou ces biens pourraient servir à commettre un génocide, des crimes contre l'humanité, des violations graves des conventions de Genève de 1949, des attaques dirigées contre des civils ou des biens de caractère civil et protégés comme tels, ou d'autres crimes de guerre tels que définis par des accords internationaux auxquels il est partie[2] ».

Matignon s'abstient de répondre au courrier d'ASER que vient de rejoindre l'ACAT. En mai 2018, considérant que ce silence équivaut à une décision implicite de rejet, l'association saisit en conséquence, comme il est dans son droit, le tribunal administratif de Paris. Lequel se reconnaît compétent pour examiner la requête dirigée contre le refus de suspension du Premier ministre, en estimant que la licence d'exportation est constitutive d'une décision administrative,

1. Voir le récit détaillé que donnent de ce recours Jean-Claude Alt, administrateur d'Aser et Benoît Muracciole, président d'Aser, dans « L'ONG qui dérange les ventes d'armes françaises », *Politis*, 18 décembre 2019.

2. Nations unies, « Collection des traités », *treaties.un.org*.

détachable de la conduite des relations diplomatiques de la France, et donc susceptible de faire l'objet d'un recours. C'est déjà une victoire car le tribunal aurait pu la rattacher à la théorie des « actes de gouvernement » qui confère une immunité juridictionnelle à des décisions administratives prises au nom de la raison d'État.

Lorsqu'il statue au début de l'été 2019, le tribunal écarte toutefois l'argumentation de l'association en jugeant que les clauses de droit international auxquelles elle se réfère ont pour objet exclusif de régir les relations entre les États et ne peuvent donc être utilement invoquées par un tiers. En d'autres termes, le TCA de 2013 ne crée aucun droit dont un particulier serait légitime à directement se prévaloir[1]. Ce qui confirme, si besoin en était, que ce traité a bien été écrit par ceux qui bombardent et non pas par ceux qui sont bombardés. ASER décide de faire appel de ce jugement et de porter l'affaire devant la Cour d'appel, puis finalement devant la Cour de justice de l'Union européenne.

À l'automne 2019, tout se précipite. Le 23 septembre, épaulée par l'agence publicitaire DDB, Amnesty International s'invite dans la *Fashion Week*, qui bat son plein à Paris, avec une campagne de presse et d'affichage où l'on voit des mannequins photographiés en grand apparat militaire avec ce slogan choc : « La mode et le luxe ne sont pas les seuls fleurons du rayonnement français. Il y a les armes aussi. » Mais la confrontation tourne aux prémices d'un scandale d'État lorsque la direction générale de la sécurité intérieure (DGSI) convoque Benoît Muracciole, le président

1. Tribunal administratif de Paris, Communiqué, « Exportation d'armes vers le Yémen », *paris.tribunal-administratif.fr*, 9 juillet 2019.

d'ASER, suspect « d'avoir commis ou tenté de commettre l'infraction de compromission du secret de défense nationale »[1]. Dans un communiqué de presse conjoint qu'elles publient le 27 septembre, quatorze ONG humanitaires et de défense des droits humains, dont Médecins du Monde et Sherpa, dénoncent à juste titre cette convocation comme une manœuvre d'intimidation portant une atteinte manifeste au droit au recours qui est constitutionnellement et conventionnellement protégé, notamment par l'article 6 de la Convention européenne des droits de l'homme[2]. La veille, le 26 septembre, la Cour d'appel a statué sur la demande d'ASER en concluant dans le même sens que le tribunal administratif. Mais ce n'est pas la fin des procédures juridictionnelles car plusieurs ONG pensent à entamer une action devant la Cour pénale internationale.

Quand le travail des associations est entravé, il reste la société civile. Les choses changent. Désormais les opinions publiques s'élèvent contre des décisions qui autrefois ne faisaient l'objet d'aucun débat. L'épisode du cargo saoudien Bahri Yanbu, le 10 mai 2019, est un bon exemple. Arrivé au Havre, il doit charger huit canons Caesar avant de s'en retourner les livrer à Djeddah. Mais c'est sans compter la sensibilité humanitaire que réveille en quiconque de bonne volonté la terrible situation qu'endure le Yémen. Tel est le cas chez les dockers de la Confédération générale du travail (CGT) du Havre qui refusent de s'occuper de la cargaison.

---

1. « Armes françaises au Yémen : des ONG dénoncent une intimidation », *Reuters*, 27 septembre 2019.
2. « Tribune – Yémen : 14 ONG demandent l'arrêt immédiat des ventes d'armes françaises », voir entre autres *asso-sherpa.org*, 27 septembre 2019.

Le bateau quitte alors à vide le port normand et est forcé de rejoindre la Belgique pour récupérer son fret[1]. Une dizaine de jours plus tard, le même scénario se reproduit à Marseille. Les dockers de la CGT du port de la cité phocéenne, après avoir inspecté les chargements destinés au Bahri Tabuk, un autre cargo saoudien cette fois suspecté d'avoir à transporter des munitions d'artillerie, refusent de le charger. Le bateau repart pour Alexandrie chargé uniquement de fret civil[2]. Et, lorsque début février 2020 le Bahri Yanbu réapparaît à Cherbourg, il est conspué comme le « navire de la honte »[3].

Ces ouvriers portuaires n'ignorent pas combien « avoir du boulot », comme ils le disent, est précieux. Ils ont néanmoins préféré dénoncer une mascarade indigne de la France. Ce n'est pas toujours le cas des autorités publiques en charge de l'industrie de l'armement. Lorsqu'elles arrivent à court d'arguments pour justifier l'injustifiable, elles recourent facilement au chantage de l'emploi. Mais cette menace peut-elle faire le poids face aux images d'enfants affamés et décharnés à cause d'un blocus auquel participent des frégates construites dans nos chantiers navals ?

Si on m'avait dit qu'un jour je saluerais les actions de la CGT, je ne l'aurais pas cru. Mais, après tout, la désobéissance civile, inscrite dans la Déclaration des droits de l'homme du 26 août 1789, n'est-elle pas un devoir ? Je me surprends

1. « Yémen : le cargo saoudien devant charger des armes ne fera finalement pas escale au Havre », *L'Obs*, 11 mai 2019.

2. Ronan Tésorière, « Armes françaises au Yémen : à Marseille, le nouveau cargo de la discorde », *Le Parisien*, 29 mai 2019.

3. « Que vient faire à Cherbourg le Bahri Yanbu, un cargo saoudien spécialisé dans les transports d'armes ? », *France 3 Normandie*, 5 février 2020.

également à écrire aujourd'hui pour défendre des journalistes, moi qui ai souvent eu des relations orageuses avec eux. Mais pour rien au monde, je souhaiterais qu'ils cessent leur travail qui est nous informer. Je suis admirative de celles et ceux d'entre eux qui se rendent sur place au péril de leur vie et réussissent l'exploit de couvrir de sales guerres ou de dangereux évènements. Que des femmes figurent parmi eux est également un motif de fierté – et je pense ici notamment à Dorothée Olliéric, de France Télévision, qui était au Rwanda au moment du génocide et en Égypte lors du printemps arabe du Caire[1]. Je leur suis reconnaissante aussi car, sans eux, sans leurs reportages et sans leurs analyses, nous resterions ignorants du drame qui se déroule à huis clos dans un Yémen dévasté – et c'est pour cela, pour leur dire ma gratitude que j'ai voulu amplement les citer dans cet essai.

Que la coalition arabo-sunnite entrave la liberté de presse, c'est déjà scandaleux. Mais apprendre qu'un autre danger les guette, plus sournois encore, celui de subir des poursuites judiciaires en France, fait que l'incompréhension et la colère me submergent. Mouches du coche dans un contexte international troublé, les journalistes viennent perturber la communication officielle de l'État français quant à ses relations avec le royaume wahhabite. C'est indéniable. Mais c'est là aussi leur devoir.

Dans un article qui aurait dû être publié dans les colonnes du *Soir Républicain* à Alger le 25 novembre 1939, mais qui fut censuré, Albert Camus n'écrivait-il pas que la « liberté

---

1. Un livre qu'elle a publié montre cette volonté de donner la parole à celles et ceux qui en sont privés : Marie-José Brunel et Dorothée Olliéric, *S'immoler à vingt ans, une infirmière française en Afghanistan témoigne*, Grasset, 2007.

de la presse n'est qu'un des visages de la liberté tout court et l'on comprendra notre obstination à la défendre» et de poursuivre «car elle prépare l'avènement de la vraie liberté. En conséquence, un journal indépendant donne l'origine de ses informations, aide le public à les évaluer, répudie le bourrage de crâne, supprime les invectives, pallie par des commentaires l'uniformisation des informations et, en bref, sert la vérité dans la mesure humaine de ses forces. Cette mesure, si relative qu'elle soit, lui permet du moins de refuser ce qu'aucune force au monde ne pourrait lui faire accepter: servir le mensonge[1] »?

Mais voilà, ce qui devrait être une évidence, un réflexe, un combat est remis en cause depuis la publication par Geoffrey Livolsi et Mathias Destal, les cofondateurs de *Disclose*, en partenariat avec Benoît Collombat de *Radio France*, d'une note confidentielle détaillant la manière dont la coalition utilise les équipements militaires français au Yémen. Un sujet sur lequel l'exécutif ne plaisante pas. Ils sont convoqués le 15 mai 2019 par la Direction générale de la sécurité intérieure (DGSI). Une telle audition, de nature administrative, n'emporte pas d'obligation. En citoyens respectueux des institutions, tous trois décident cependant de s'y rendre. Dès leur arrivée, on leur remet sept pages de questions, non sans leur préciser qu'ils ne sont pas entendus en tant que journalistes. C'est un moyen détourné pour la DGSI de leur intimer qu'ils ne peuvent arguer du secret des sources[2]. Cette disposition est pourtant constitutionnellement protégée par

1. Albert Camus, *Le Soir républicain: 25-11-1939*, La Guêpine, 2017. Ce manifeste avait été initialement exhumé par *Le Monde* dans son édition du 18 mars 2012.

2. Louis San, «Armes françaises au Yémen: les journalistes de Disclose condamnent une “atteinte au secret des sources” après leur audition par la DGSI», *Francetvinfo*, 15 mai 2019.

la Déclaration des droits de l'homme et garantie par l'article 10 de la Convention européenne de sauvegarde des droits de l'homme et des libertés fondamentales.

Quelques jours plus tard, le 28 mai 2019, la DGSI remet le couvert en convoquant un autre journaliste de *Disclose*, Michel Despratx, dans le cadre d'une enquête pour « compromission du secret de la défense nationale ». Là encore, il est entendu en qualité de témoins et, de ce fait, ne peut être assisté d'un avocat[1]. Valentine Oberti, journaliste à *Quotidien*, l'émission phare de *TMC*, révèle qu'elle a été convoquée pour sa part par la DGSI dès le 15 février et également pour une enquête portant sur les ventes d'armes françaises à l'Arabie saoudite[2]. Sur Twitter, *Disclose* dénonce « une nouvelle tentative du parquet de Paris de contourner la loi de 1881 sur la liberté de la presse et la protection des sources ».

L'Assemblée générale de la Fédération européenne des journalistes (FEJ) se fend d'un communiqué dénonçant les manœuvres du gouvernement français qui « ont pour but implicite de faire taire les journalistes et empêcher une réaction de l'opinion publique sur une potentielle implication de Paris dans des crimes contre les populations du Yémen ». Et d'ajouter que « des menaces pèsent sur la liberté de la presse » dans l'hexagone car la Direction générale de la sécurité intérieure n'a pas manqué de convoquer d'autres journalistes, liés pour leur part à l'affaire Benalla[3]. Le Secrétaire général de la FEJ, Ricardo Gutiérrez, déclare : « Ces convocations sont

---

1. Pierre Tremblay, « Convoqué par la DGSI, le journaliste de *Disclose* Michel Despratx raconte son interrogatoire », *Le HuffPost*, 30 mai 2019.

2. Yann Barthès, « Valentine Oberti a été entendue par la DGSI, elle raconte », *Quotidien, TMC*, 22 mai 2019.

3. Communiqué de la FEJ, « France : nouvelle vague d'intimidation envers la presse », *europeanjournalists.org*, 25 mai 2019.

ahurissantes. De telles tentatives de violer le secret des sources journalistiques sont en contradiction totale avec les standards juridiques internationaux que la France s'est engagée à respecter. Nous appelons les autorités publiques françaises à revenir à la raison et à présenter leurs excuses pour ces dérapages intolérables en démocratie ». Le Syndicat national des journalistes (SNJ) s'interroge : « La DGSI va-t-elle se mettre à convoquer tous les journalistes qui révèlent des informations qui ne plaisent pas au pouvoir en place ?[1] ».

Ils ont raison. La Convention européenne des droits de l'homme protège la liberté de recevoir et de communiquer des informations sans qu'il puisse y avoir ingérence des autorités publiques même si l'exercice de cette liberté peut être soumise par la loi à certaines restrictions qui « constituent des mesures nécessaires dans une société démocratique », mais il faut alors qu'elles soient légiférées, claires et prévisibles[2]. La Cour européenne des droits de l'homme juge que « la protection du secret des sources des journalistes est l'une des pierres angulaires de la liberté de la presse », et qu'il ne peut y être porté atteinte qu'en vue de tenir compte d'un « impératif prépondérant d'intérêt public », expression constante dans sa jurisprudence, et en veillant à « préserver une balance équitable des intérêts en présence[3] »

Pourtant la France continue de disposer et d'utiliser une base légale qui permet de contourner la protection constitutionnelle et conventionnelle de la liberté de la presse : le délit

1. Communiqué du SNJ, « DGSI et journalistes : la récidive ! », *snj.fr*, 22 mai 2019.

2. Au paragraphe 2 de l'article 10, « Conventions », *coe.int.*

3. C'est très exactement le jugement rendu par la Cour européenne des droits de l'homme dans « Ressiot et autres contre France, 28 juin 2012 », *hudoc.echr.coe.int.*

de compromission du secret de défense nationale permet de caractériser une infraction indépendamment du caractère intentionnel puisqu'il s'applique à « quiconque n'a pas à en connaître[1] ». Le seul fait de détenir de telles informations peut vous conduire selon les articles 413-10 et 413-11 du Code pénal à passer jusqu'à sept années en prison et à devoir payer une amende de 100 000 euros. Vous pouvez aussi passer par la case peines complémentaires prévues cette fois par les articles 414-5 et suivants du Code pénal telles que la perte des droits civiques ou l'interdiction d'exercer certaines professions.

De voir dénoncer sur le site internet du Conseil de l'Europe, les comportements des autorités administratives françaises ne nous rend pas fier de notre pays. Loin de là ! Que le *Washington Post*, le quotidien américain qui a pour devise que « les démocraties meurent de l'obscurité » et qui fit éclater le scandale du Watergate, dénonce les violations de la liberté de la presse en France, nous accable. Les bras m'en tombent.

Et quand, à la suite de la publication d'un document classé confidentiel défense, une enquête préliminaire est ouverte et confiée à la section terrorisme du Parquet de Paris, les bras m'en tombent encore. Pas moins que ça ! Lorsque le ministère des Armées réitère sa détermination à poursuivre des journalistes pour avoir diffusé un document dont le contenu ne diffère pas en substance de ce qu'un reporter spécialisé aurait pu écrire s'il avait eu accès au terrain, ne doit-on pas s'inquiéter ? Dans quelle démocratie vit-on ? Quel type d'« État

1. SGDN, « Protéger le secret de la Défense et de la Sécurité nationale », *sgdsn.gouv.fr*. Voir également sur le site du ministère des Armées la mise au point du 15 mars 2017, « Secret Défense », *defense.gouv.fr*.

de droit » sommes-nous devenus ? Certes, le 29 janvier 2020, le procureur de Paris renoncera à poursuivre pénalement les responsables de *Disclose*, mais non sans leur administrer un rappel à la loi qui créée ainsi un précédent judiciaire[1].

Pour toutes raisons la France est bien loin du podium en matière de liberté de la presse. Elle se classe péniblement 32e dans le classement mondial 2020 de *Reporters sans frontière*[2]. Nous sommes devancés certes par les pays Nordiques mais également le Ghana, la Namibie et l'Afrique du Sud. Pas de quoi se vanter. Autrefois en France, des hommes politiques défendaient la liberté de la presse, à l'instar d'un Jules Ferry déposant un projet de loi pour supprimer les avertissements, les cautionnements ou toutes les autres formes de sanction passés ou encore d'un Georges Clemenceau, lui-même directeur du journal *La Justice* argumentant de la nécessité d'avoir une liberté absolue de la presse, la meilleure façon selon lui de défendre la République. Aujourd'hui, dans la majorité, on s'empresse de vouloir faire voter la loi Avia, retoquée par le Conseil constitutionnel dans ses aspects contraires aux libertés fondamentales tandis que, dans les oppositions, Jean-Luc Mélenchon et Marine Le Pen ont d'analogues saillies verbales contre le « parti médiatique ». Ce qui donne la mesure de l'intérêt de la classe politique française pour la liberté de la presse !

Si « porter la plume dans la plaie » comme le disait Albert Londres, si montrer les paradoxes, les contradictions et

1. Ce même jour, une dépêche de l'Agence France Presse (AFP) confirme l'information recueillie par Fabrice Arfi et Antonn Rouget, « Atteinte au secret défense : le procureur classe l'enquête mais intimide les journalistes », *Mediapart*, 29 janvier 2020.

2. Reporters sans frontières, « Les données du classement de la liberté de la presse 2020 », *rsf.org/fr*, 2020.

les errances de l'exécutif français lorsqu'il s'associe avec le pourvoyeur financier du fondamentalisme islamiste dans le monde, si affirmer que l'on ne lutte pas contre le terrorisme en laissant le Yémen disparaître sous les bombes, si tout cela est répréhensible, alors je plaide coupable. Je mérite le même traitement.

La France a su tirer profit de la guerre lancée par MBS pour devenir un partenaire commercial privilégié avec l'Arabie saoudite. Elle n'a pas remis en cause sa stratégie opportuniste profitant d'une nouvelle guerre pour écouler ses stocks d'armes. Elle est prête à battre le fer si certains en venaient à critiquer sa stratégie. Pourtant, une autre voie est encore possible.

Il est urgent que nous nous réformions. Comme l'indique très justement *The Independant*: « Si l'Arabie saoudite et ses alliés peuvent éviter l'indignation contre leur intervention au Yémen, c'est que le nombre des victimes des combats est largement minoré[1]. » Selon le quotidien britannique, le bilan, depuis 2015, ne serait, comme on peut le lire partout, de 10 000 mais de 100 000 à 200 000 morts.

Maintenir que les armes françaises sont utilisées de manière défensive, arguer que ces mêmes armes ne représentent que 2,2 % du volume total acheté par les Saoudiens, rappeler les exactions des Houthis ou le sombre jeu d'un autre régime tyrannique, l'Iran, n'efface en rien notre responsabilité dans la plus grave crise humanitaire que connaît ce début du XXIe siècle.

1. Bel Trew, « Yemen war dead could hit 233,000 by 2020 in what UN calls "humanity's greatest preventable disaste" », *The Independent*, 30 avril 2019.

En continuant d'alimenter la bête, nous lui donnons la force qu'elle n'a pas de soi. L'Arabie saoudite tire sa légitimité de notre indifférence. Prétendre que la paix dans cette région pourrait naître de violations massives des droits de l'homme, relève du cynisme ou de la bêtise. Notre faiblesse ne paie pas d'ailleurs, même en termes commerciaux, puisque depuis le début 2020 le royaume se tourne vers d'autres fournisseurs et snobe ostensiblement les industriels français de l'armement[1]. Rien ne va plus, pareillement, sur le terrain, au Yémen : pour compenser la décomposition de la coalition et afin de reprendre souffle, les Saoudiens ont voulu profiter, au printemps 2020, de la pandémie du Coronavirus pour instaurer un cessez-le-feu. Fidèles à leur conception de la guerre et de la paix, les Houthis ont refusé cette mesure intermédiaire dans laquelle, au regard de leur expérience, ils n'ont pas vu une percée diplomatique mais une ruse militaire. En dépit de l'exhortation des Nations unies, les combats ont repris[2]. La Covid-19 vient ainsi s'ajouter aux désastres qui ravagent d'ores et déjà la population civile[3]. Au moment où j'achève ce livre, la situation sanitaire est cependant si grave que des pourparlers seraient en cours[4]. Et pourtant ce soir du 13 juillet 2020, le *Figaro* en association avec l'AFP, annonce la mort de sept enfants et deux femmes tués dans une frappe aérienne de la coalition saoudienne qui a également blessé

1. Michel Cabirol, « Armement : la France confrontée à un renversement d'alliance en Arabie saoudite », *La Tribune*, 2 mars 2020.

2. « Yémen : l'ONU salue le cessez-le-feu unilatéral et invite les belligérants à mettre fin au conflit », *news.un.org*, 9 avril 2020.

3. Hala Kodmani, « Le Covid couronne les malheurs du Yémen », *Libération*, 18 mai 2020.

4. « Au Yémen, la coalition annonce un cessez-le-feu entre le gouvernement et les séparatistes », *Le Monde* avec l'*AFP*, 22 juin 2020.

quatre civils à Hajjah, dans le nord du Yémen selon le Bureau de la coordination des affaires humanitaires des Nations unies (Ocha). « Il est incompréhensible qu'au milieu de la pandémie de Covid-19, au moment où les options pour un cessez-le-feu sont sur le point de se concrétiser, les civils continuent d'être tués au Yémen », a regretté Lise Grande, coordinatrice humanitaire de l'ONU pour le Yémen. Près de 1 000 victimes civiles liées au conflit ont été signalées au cours des six premiers mois de 2020, a précisé l'Ocha. Le conflit a fait des dizaines de milliers de morts, dont une majorité de civils, selon les organisations humanitaires.

Enfin, à Riyad même, on a voulu croire que Mohammed ben Salmane finirait par être mis à l'écart au profit de l'un ou l'autre de ses deux frères que le vieux roi a également placés en pointe : Abdelaziz ben Salmane, à la tête du ministère de l'énergie et, surtout Khaled ben Salmane, en charge des relations avec les États-Unis – lequel, bien que son cadet, aurait tenu un temps de remplaçant potentiel[1]. Mais c'était mésestimer l'unité qui cimente le clan des Soudayri. La purge du 6 mars 2020, qui a frappé les ultimes gêneurs qu'étaient les princes Ahmed ben Abdelaziz al-Saoud, Mohammed ben Nayef et Nawaf ben Nayef, a tordu le cou à cette rumeur. En revanche, et avec plus de raison, il se murmure que MBS ambitionnerait de presser le mouvement et voudrait forcer son père à abdiquer en sa faveur : la fermeture de La Mecque pour cause du coronavirus, la chute du prix du pétrole, l'échéance des présidentielles américaines

1. Tharwat Mansour, « Arabie saoudite. MBS éclipsé par son propre frère », *Raseef22 – Beyrouth*, repris dans *Courrier International*, 20 septembre 2019.

en novembre 2020 précipiteraient l'échéance du *Game of Thrones* saoudien[1].

C'est, me semble-t-il, le moment ou jamais pour Emmanuel Macron d'agir. Le président de la République entretient un lien particulier avec le prince héritier. En témoigne leur aparté lors du sommet du G20, le 30 novembre 2018, à Buenos Aires en Argentine, juste après l'assassinat de Jamal Khashoggi. Le Guardian en a donné la transcription : « Vous ne m'écoutez jamais ! », lance le président. Constatant qu'une caméra filme la scène, le prince lui rétorque en souriant : « Si, je vous écoute, bien sûr ». « Parce que je vous l'ai dit. C'était surtout pour vous », reprend alors Emmanuel Macron avec un sourire pincé avant de prononcer alors une phrase inaudible à laquelle MBS répond : « C'est bon. Je peux régler ça. » Puis, après une autre phrase inaudible, le président laisse tomber : « Je suis un homme de parole. »[2]

Le chef de l'État apparaît disposer d'un réel pouvoir d'influence et de persuasion auprès du dauphin saoudien. Il pourrait exiger de lui qu'il mette fin à ce conflit infamant. Ce serait une manière de réparer l'honneur de la France, souillé par une sale guerre qui n'aurait pas dû avoir lieu et dans laquelle elle n'aurait dû jouer aucun autre rôle que celui de médiatrice. Et donnerait l'opportunité à Emmanuel Macron d'inscrire son nom dans l'histoire dans la lignée des plus grands qui ont su dépasser les clivages au nom de valeurs universalistes pour imposer la paix.

---

1. Antoine Izambard, « Pétrole, coronavirus, purge… Le prince héritier saoudien Mohammed ben Salmane sous pression », *Challenges*, 13 mars 2020.

2. Julian Borger, « "I'm worried" : Macron's chat with Saudi prince captured at G20 », *The Guardian*, 1er décembre 2018.

RETROUVER LE SENS ÉTHIQUE

L'œil gauche tuméfié et fermé, une petite fille assise sur son lit d'hôpital tente doucement de maintenir son œil droit ouvert, en levant sa paupière de ses petits doigts. Elle a quatre ans. Elle s'appelle Bouthaina Mansour et elle est la seule survivante d'une attaque meurtrière menée, le 25 août 2017, par la coalition saoudienne à Sanaa qui a tué seize personnes, dont tous les membres de sa famille et cinq enfants. La photographie de la fillette s'est répandue comme une traînée de poudre sur les réseaux sociaux avec les hashtags #IspeakforButhaina ou #PourlesyeuxdeBouthaina. Elle a été, bien évidemment, accaparée à des fins de propagande par les deux côtés du conflit qui en ont en fait chacun une icône du sort des civils Yéménites, les Houthis de leur destruction, les Saoudiens de leur protection[1].

J'en retiens, moi, que malgré ses blessures, Bouthaina essaie courageusement de garder les yeux ouverts. Et nous, qu'attendons-nous pour faire de même, de rompre avec notre cécité acceptée ? Au regard de la crise humanitaire qui tue peu à peu le Yémen, le sujet n'est plus aujourd'hui l'indignation, mais comment résister, s'opposer, dire non à la coalition qui a déclenché cet enfer mais aussi au consortium que forment

1. « Au Yémen, Bouthaina, une miraculée instrumentalisée par les belligérants », *Le Point* avec l'*AFP*, 31 décembre 2018.

les États marchands d'armes et qui n'ont cessé d'en alimenter la fournaise.

C'est en silence que le Yémen se meurt. Pour tenter d'échapper à cette chape de plomb, il ne reste plus guère que des personnalités du monde du spectacle et du sport. Ce sont entre autres la comédienne Catherine Deneuve, la chanteuse Annie Lennox, l'acteur Charles Dance, qui demandent instamment au trio infernal, aux États-Unis, au Royaume-Uni, à la France, de cesser de vendre des armes à l'Arabie saoudite. Ils prêtent leur voix à un message vidéo qui, intitulé si justement *Leur histoire, notre responsabilité*, relate la tragédie d'Alanoud, une petite fille de 4 ans dont les parents, les deux frères et un oncle ont trouvé la mort sous les bombes[1]. Son histoire a été connue grâce au documentaire d'une femme elle-même née à Sanaa, *Yémen : les enfants et la guerre*, ce film criant de vérité que j'ai déjà évoqué de mon amie la cinéaste Khadija al-Salami[2].

Ce sont les enfants martyrs qui, une fois de plus, sauvent un tant soit peu nos âmes en nous rappelant à l'impératif éthique. Tâchons à notre tour, pour mériter leur regard, de leur sauver la vie. Cessons de fermer nos yeux. Gardons-les grands ouverts. Osons enfin voir et dire la tragédie de tout un peuple.

1. « Yémen : leur histoire, notre responsabilité », *Youtube.com*, novembre 2019.

2. Pour rappel et en guise de conclusion à ces notes : Khadija al-Salami, « Yémen, les enfants et la guerre », *Envoyé spécial, France 2*, 8 février 2018.

Table des matières

Imprimé en France

Composition : Soft Office

N° d'imprimeur : 009319
Achevé d'imprimer par Laballery en septembre 2020
Dépôt légal : octobre 2020